Robert Fischer

St. Peter in Rom

Eine Handreichung zur Führung oder zum Selbsterkunden der Basilika

Kunstverlag Josef Fink

Der heilige Petrus heißt Sie in „seiner" Basilika herzlich willkommen.
„Gnade sei mit euch und Friede in Fülle." (1 Petr 1,2)

Autor und Verlag
widmen diese Broschüre
S. Em. Kardinal Jean-Claude Hollerich SJ, Luxemburg,
zum 65. Geburtstag.

Inhalt

Ein Wort zuvor

„Die altehrwürdige Basilika des Apostels ist das Herz der katholischen Kirche" (Benedikt XVI. am 14. März 2007).

Vor rund 500 Jahren, am 18. April 1506, legte Papst Julius II. unter dem Pfeiler der Veronika den ersten Grundstein zum Neubau der Basilika. 2006 wurde das 500-jährige Jubiläum dieser Grundsteinlegung begangen. Dieser Jahrestag bot den ersten Anlass für diese Schrift. Sie ist als Grundlage für eine Führung oder zur „Selbsterkundung" in und um St. Peter gedacht. Außerdem kann dieser Führer bei der Vorbereitung eines Besuchs der Basilika hilfreich sein oder die Erinnerung fördern.

St. Peter in Rom ist die wichtigste Kirche der Christenheit, auch wenn an der Lateran-Basilika deren „Vorrang" mit den Worten einer Inschrifttafel am Eingang betont wird („Sacrosancta lateranensis ecclesia omnium urbis et orbis ecclesiarum mater et caput – Hochheilige Kirche des Laterans – Haupt und Mutter aller Kirchen der Stadt und des Erdkreises") und die Häupter der Apostel Petrus und Paulus dort in Reliquarien im Baldachin über dem Papstaltar verehrt werden. Kaiser Konstantin hat die Lateranbasilika als erste gebaut (311). Rom galt damals als „Caput mundi – Hauptstadt der Welt". Dieser Titel – bezogen auf die immer mehr wachsende christliche Kirche – wurde dann der Lateranbasilika zuteil, bis heute. Seit der Rückkehr der Päpste aus Avignon (1377) ist nicht mehr der Lateran, sondern der Vatikan Sitz der Kirchenleitung. Das hat den Rang der beiden Basiliken zueinander verändert. Dass die Lateranbasilika aber einen Vorrang vor der Petersbasilika hat, zeigt sich auch in der Höhe der Obelisken bei beiden Basiliken; der beim Lateran ist höher als der auf dem Petersplatz. Man kann es auch so sagen: Die Lateranbasilika ist die Kathedrale des Papstes als Bischof von Rom; St. Peter ist die Kathedrale des Papstes als Bischof der Weltkirche.

Ziel dieser Broschüre ist es, mit ihr einen umfassenden Rundgang zu führen oder bei einem privaten Rundgang die Basilika zu erschließen. Informationen über Persönlichkeiten oder kirchen- und kunstgeschichtliche Zusammenhänge erleichtern dieses Vorhaben. Zur „Auflockerung" wurden „Geschichte" und „Geschichten" gemischt. Nicht zu vergessen sind religiöse Hinweise, denn St. Peter ist eine Kirche, kein Museum.

Zur besseren Unterscheidung sind die Leit-Ziffern für den Rundgang in der Basilika normal (5), für den Rundgang in der Unterkirche und in den Ausgrabungen kursiv *(10)* gedruckt. Entsprechend bezifferte Pläne der Basilika und der Unterkirche sind zur besseren Orientierung beigefügt.

Damit die **Begegnung mit dem heiligen Petrus** erleichtert wird, finden Sie in Kapitel 9 einige Hinweise und Schriftstellen über Petrus und aus seinen Briefen. Nehmen Sie ein Neues Testament mit nach St. Peter und lesen Sie einige Stellen, die von Petrus handeln, oder Auszüge aus seinen Briefen. So sind Sie dem Heiligen nahe in Raum und Wort.

Erfahrungsgemäß ist die Basilika am späteren Vormittag oft sehr überfüllt. Legen Sie deshalb den Rundgang in den Morgen oder in den späteren Nachmittag. Denken Sie daran:

St. Peter ist eine Kirche. Gönnen Sie sich eine ruhige Zeit des Gebets an der Confessio oder in der Sakramentskapelle, in der tagsüber das Allerheiligste zur Anbetung ausgesetzt ist. Wollen Sie St. Peter in Stille erleben, müssen Sie ganz früh zur Basilika gehen; sie wird um 7 Uhr geöffnet. Am Morgen werden auch heilige Messen in verschiedenen Sprachen gefeiert, an denen Sie teilnehmen können. Einen Besuch im Campo Santo Teutonico sollten Sie anschließen. Der Campo Santo ist aber nur vormittags von 7–12 Uhr zugänglich, außer zu Gottesdiensten.

Ich wünsche Ihnen eine gute Begegnung mit diesem wichtigen Ort der Christenheit und mit dem heiligen Petrus.

Robert Fischer

Blick auf Petersplatz, Basilika und Vatikanstadt

1. Die Baugeschichte

Die Petersbasilika – „die größte und erhabenste Basilika der Welt" – wurde über dem Grab des heiligen Petrus erbaut. Während der römischen Kaiserzeit befand sich an der Südseite der Basilika am Fuß des Vatikan-Hügels der Zirkus der Kaiser Caligula und Nero. Der Obelisk auf dem Petersplatz stand früher in diesem Zirkus, er war somit „Augenzeuge" des Martyriums des hl. Petrus.

Kaiser Konstantin (um 280–337) begann 324 mit dem Bau einer großen Basilika zu Ehren des heiligen Petrus über einer bereits vorhandenen Gedächtnisstätte. Papst Silvester I. (314–335) weihte die Kirche.

Um auf dem abschüssigen Gelände einen ebenen Bauplatz anzulegen, wurde ein Teil des Hügels abgegraben. Mit dem Abraum wurde ein in den Jahren 1940–1950 unter der jetzigen Basilika wiederentdecktes Gräberfeld zugeschüttet. Die konstantinische Basilika stand bis 1505; sie hatte unter der Abwesenheit der Päpste, die sich von 1307–1370 in Avignon aufhielten, sehr gelitten. Zwar wurde sie verschiedentlich renoviert, aber die Schäden waren so groß geworden, dass ein Neubau notwendig wurde. Nach langen, sich über mehrere Pontifikate erstreckenden Überlegungen gab Papst Julius II. (1503–1513) 1505 den Befehl zum Abriss der alten und zum Bau der neuen Basilika. Der Abriss erfolgte „in Raten", 1606 fiel die letzte Mauer. Der damit beauftragte Baumeister Bramante war dabei nicht gerade zimperlich, was ihm den Spitznamen „Rovinante" einbrachte. Er ging leider so heftig vor, dass von der alten Basilika fast nichts mehr erhalten blieb.

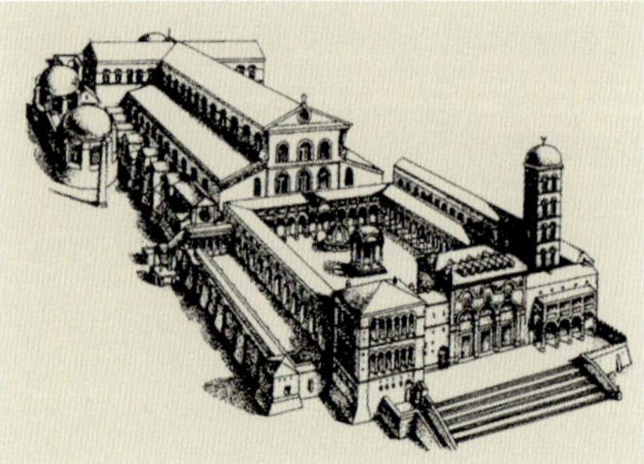

Die von Konstantin erbaute Basilika

Am 18. April 1506 wurde durch Papst Julius II. der erste Grundstein für den Neubau gelegt. Im Jahr 1626 wurde die neue Peterskirche geweiht. Die Kuppel war bereits 1593 fertig gestellt worden. Der Auftrag für den Baldachin über dem Petrusgrab ging 1624 an Bernini; dieser gestaltete von 1661 bis 1666 auch die Cathedra. Insgesamt dauerte der Neubau 120 Jahre; „fertig" ist die Basilika nie, bis heute wird ständig etwas an ihr verändert.

Die Erneuerung der Fußböden oder der Beleuchtung und Beschallung, Reparaturen oder Ergänzungen sind ständige Aufgabe der für den Bau verantwortlichen Fabbrica di San Pietro. Nur einige Beispiele für Erneuerungen und Ergänzungen: In der Vorhalle wurde während des Pontifikats Johannes´ XXIII. vor dem Hauptportal der Fußboden erneuert. Außen am Süd- und Westchor der Basilika befinden sich Nischen, in die in den letzten Jahren Statuen von Heiligen gestellt wurden, z. B. eine Statue der hl. Edith Stein, die der Künstler Paul Nagel aus Wesseling (bei Köln) schuf und die Papst Benedikt XVI. am 11. Oktober 2006 – dem Jahrestag der Heiligsprechung 1998 – gesegnet hat.

Während der Bauzeit (1506–1616) regierten 18 Päpste, angefangen von Julius II. bis Paul V., dessen Name an der Fassade zu lesen ist.

Bedingt durch die Größe des Vorhabens und die lange Bauzeit waren zwölf Baumeister mit der Projektleitung betraut. Genannt seien nur einige: Donato Bramante (1444–1514), Giuliano da Sangallo (1445–1516), Giulio Romano (1499–1546), Raffael (1483–1520); 1547 wurde

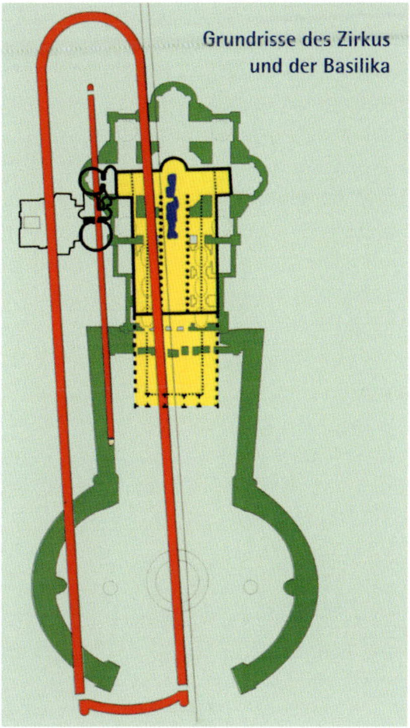

Grundrisse des Zirkus und der Basilika

- Zirkus des Nero
- Heidnischer Friedhof
- Konstantinische Basilika
- Heutige Basilika mit Petersplatz

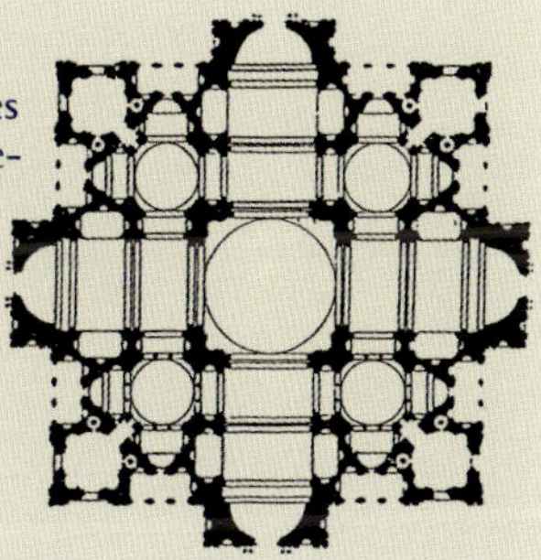

Bramantes Plan: Griechisches Kreuz mit Kuppel

Michelangelo Buonarroti die Bauleitung übertragen, die er ohne Bezahlung bis zu seinem Tod 1564 übernahm. Ihm folgte ab 1572 bis zu dessen Tod im Jahr 1602 sein Schüler Giacomo della Porta; 1585 kam Domenico Fontana in die Bauleitung (er versetzte 1586 den Obelisken); 1603 wurden Giovanni Fontana und Carlo Maderno mit der Bauleitung betraut. Viele der Genannten waren als Architekten, Maler oder/und Bildhauer wahrhafte Meister ihres Faches.

Dem Bau lagen verschiedene Pläne zugrunde: War zunächst ein Bau mit Kuppel in der Form eines griechischen Kreuzes geplant, wurde später ein Arm des Kreuzes zum heutigen Kirchenschiff verlängert. Um den Blick auf die Kuppel nicht zu beeinträchtigen, hat man sie um sieben Meter höher gesetzt als ursprünglich vorgesehen. Der jetzige Bau ist das Ergebnis vieler Vorschläge und Beratungen.

Zunächst waren zwei Türme geplant. Diese wurden auch gebaut, mussten jedoch bald wieder abgerissen werden, da sie sich rasch als baufällig erwiesen. Die Fundamente waren zu schwach ausgelegt. Die jetzige Fassade stammt von Carlo Maderno.

In den Mauern der Peterskirche steckt Welt-, Kirchen- und Heilsgeschichte: Hier wurden 23 Kaiser gekrönt und zahlreiche Päpste inthronisiert; 149 sind hier auch begraben; in St. Peter tagten zwei Konzilien, und nicht zuletzt wird hier seit Jahrhunderten unablässig gebetet. Die Mauern von St. Peter sind darüber hinaus eng mit der Geschichte der Reformation verbunden: Über Ablasspredigten sollten Geldmittel für den Bau der Basilika gewonnen werden – ein Umstand, den u. a. Martin Luther heftig kritisierte. Zwar war die Gewährung von Ablässen mit Geldgaben verbunden. Weitere Bedingungen waren jedoch der Empfang der Sakramente der Buße und des Altares, also auch eine innere Umkehr. Dies sollte man bei aller Fragwürdigkeit der Handhabung des damaligen Ablasswesens nicht übersehen.

Blick von der Peterskuppel vor 1930

2. Der Petersplatz

Der Petersplatz hat zwei Teile: Der größere Platz ist das von den Kolonnaden umschlossene Oval von 198 x 148 m, das nach einem Auftrag von Papst Alexander VII. (1655–1667) von Gian Lorenzo Bernini (1656–1666) gestaltet wurde. 284 je sechzehn Meter hohe Travertin-Säulen umschließen den Platz, den Marie Luise Kaschnitz als „runden Marmorsaal unter freiem Himmel" bezeichnete. Die Kolonnaden wirken wie die offenen Arme der Mutter Kirche. Über den Kolonnaden stehen 140 über drei Meter hohe Heiligenfiguren; Heilige sind in der Kirche die „Hauptpersonen" als Wegweiser zu Gott. Über die einzelnen Statuen erfahren Sie mehr in Kapitel 11.2.

Der kleinere Platz, „Piazza retta" genannt, liegt unmittelbar vor der Basilika als trapezförmiger Platz mit den Treppen zum Eingang in die Kirche.

In der Mitte des Platzes mit den Kolonnaden befindet sich der berühmte **Obelisk.** Er stammt aus Heliopolis in Ägypten und ist über 4000 Jahre alt. Unter Kaiser Caligula wurde er im Jahr 37 n. Chr. nach Rom gebracht und in dessen Zirkus, der später nach Kaiser Nero benannt wurde,

Blick von der Peterskuppel heute

aufgestellt. Auf Wunsch von Papst Sixtus V. (1585–1590) sollte der Obelisk, ohne dass er zu Bruch ginge, auf dem Petersplatz platziert werden. In einer dramatischen Aktion wurde er am 10. September 1586 an seinem heutigen Platz aufgerichtet. Unter Androhung der Todesstrafe hatte der Papst Stillschweigen angeordnet. Etwa 900 Arbeiter und 140 Pferde waren im Einsatz. Als der Obelisk bis auf halbe Höhe aufgerichtet war, geriet das Unternehmen ins Stocken: Die Seile waren zu straff gespannt und drohten zu reißen. Ein aus Genua stammender Matrose rettete das Vorhaben mit seinem berühmten Ausruf „Wasser auf die Seile": Die befeuchteten Seile hielten den Zug aus. Der Papst begnadigte ihn und verlieh seiner Familie das Privileg, künftig die Palmbuschen für die Prozession am Palmsonntag zu liefern. Den ehemaligen Standort des Obelisken markiert bis heute eine Bodenplatte gegenüber dem Eingang zu den „Scavi" (= Ausgrabungen unter St. Peter).

Der Obelisk ist ein Monolith, d. h. er ist aus einem einzigen Stein gehauen und ganz geblieben; er wiegt 321 Tonnen und ist insgesamt 41 m hoch; in den Fuß des 5,75 m hohen Kreuzes auf seiner Spitze ist ein Kreuzpartikel eingelegt. Am Tag der Sommersonnenwende am 21. Juni wirft der Obelisk um 12 Uhr mittags keinen Schatten. Über die Inschriften am Fuß des Obelisken informiert Sie Kapitel 11.4.

Auf dem Platz befinden sich zwei **Brunnen**. Über einem polygonalen Becken mit 28 m Umfang erhebt sich auf einem Sockel eine Schale aus ägyptischem Granit (16 m Umfang), darüber eine weitere Schale mit 12 m Umfang. Die Brunnen sind 14 m hoch; sie werden mit Wasser aus dem Braccianer See gespeist. Den nördlichen Brunnen entwarf Carlo Maderno (1613), den südlichen Carlo Fontana (1677).

Die Brunnen könnten uns an ein Wort der hl. Mechthild von Magdeburg (um 1210–1282) erinnern: „Gott ist ein strömender Brunnen – niemand kann ihn ausschöpfen".

Die beiden Brunnen – oder war es einer in der Villa Borghese? – regten Conrad Ferdinand Meyer zu folgendem Gedicht an:

Der römische Brunnen
Auf steigt der Strahl, und fallend gießt
Er voll der Marmorschale Rund,
Die, sich verschleiernd, überfließt
In einer zweiten Schale Grund;
Die zweite gibt, sie wird zu reich,
Der dritten wallend ihre Flut,
Und jede nimmt und gibt zugleich
Und strömt und ruht.

Südlich und nördlich vom Obelisken sind im Pflaster kreisrunde Scheiben eingelassen; blickt man von dort auf die Kolonnaden der jeweiligen Seite, sieht man immer nur eine Säule von den vier hintereinanderstehenden.

Zwischen dem Obelisken und dem Portone di Bronzo ist in den Boden eine Gedenkplatte eingelassen, die an das Attentat auf Johannes Paul II. am 13. Mai 1981 erinnert. Darüber informiert folgender Text.

Schüsse auf dem Petersplatz

13. Mai 1981. Schönes Wetter in Rom. Die Generalaudienz mit Papst Johannes Paul II. fand nachmittags statt. Im Papamobil, einem weißen Jeep, fuhr der Papst durch die freigehaltenen Wege über den Petersplatz, um möglichst viele Audienzteilnehmer aus der Nähe zu begrüßen. Auf der Fahrt in Richtung Bronzetor wurde ihm die zweijährige Sara hinaufgereicht; der Papst nahm das Kind, herzte und segnete es, hob es in die Höhe, um Sara den Umstehenden zu zeigen, und gab es mit frohem Gesicht seinen Eltern zurück. Da fielen kurz hintereinander zwei Schüsse. Der Heilige Vater sank in sich zusammen, sein Sekretär Stanislaw Dziwisz fing ihn

Gedenkplatte zur Erinnerung an das Attentat auf Papst Johannes Paul II.

auf. Die erste Kugel traf den Papst im Unterleib, die zweite verletzte ihn am rechten Arm. Großer Schrecken allenthalben. Der Jeep nahm sofort schnelle Fahrt auf durch den Glockenbogen zum großen Belvederehof, wo die Zentrale des Vatikanischen Sanitätsdienstes ist. Der Attentäter Mehmet Ali Ağca wird mit seinem Begleiter von der italienischen Polizei unmittelbar nach dem Attentat festgenommen.

Erst am 14. August kehrte der Papst nach einer Virusinfektion endgültig wieder in den Vatikan zurück.

Seine Errettung schrieb Johannes Paul II. der Madonna von Fatima zu. Sie hat – so sagte der Papst – die Kugel umgelenkt. Das Attentat geschah am 13. Mai, an dem Tag, als 1917 erstmals Maria den Hirtenkindern von Fatima erschienen ist. Zum Dank für die Errettung ließ Johannes Paul II. über dem Petersplatz rechts oben an ein Gebäude das Mosaik „Mater Ecclesiae – Maria Mutter der Kirche" anbringen, eine Nachbildung der „Madonna della Colonna" im Petersdom. Ferner hat er in den Vatikanischen Gärten ein Kloster „Mater Ecclesiae" bauen lassen, in das im Wechsel von fünf Jahren kontemplative Frauenorden Schwestern schicken, die in der Sakramentskapelle der Basilika die Anbetung des in der Monstranz ausgesetzten Allerheiligsten übernehmen und in der Verwaltung des Vatikans sowie im Haushalt des Klosters tätig sind. Von der Kuppel aus können Sie das Kloster sehen (siehe Plan zur Orientierung beim Blick von der Peterskuppel Nr. 24).

Eine der Kugeln, die den Papst getroffen haben, ließ Johannes Paul II. in die Krone der Marienstatue in Fatima einarbeiten.

1982 besuchte der Heilige Vater zum Zeichen seines Dankes Fatima; dort entging er einem zweiten Attentat.

Die Hintergründe des Attentats auf dem Petersplatz sind bis heute nicht genau aufgeklärt. Begründete Vermutungen und Erkenntnisse weisen aber auf kommunistische Machtzentralen des damaligen Ostblocks hin. Der Schütze wurde zu lebenslänglicher Haft verurteilt. Der Papst hat ihn später im Gefängnis besucht und ihm verziehen. Der Attentäter fand kein Wort der Entschuldigung, sondern fragte nur: „Warum sind Sie nicht gestorben?" Diese Schüsse haben die Welt verändert!

In diesem Zusammenhang kann die Inschrift an der Westseite des Sockels des Obelisken nachdenklich machen. Sixtus V. ließ dort folgenden Text anbringen: „Ecce Crux Domini. Fugite Partes Adversae. Vincit Leo de Tribu Juda. – Seht das Kreuz des Herrn. Fliehet ihr feindlichen Mächte. Es siegt der Löwe aus dem Stamme Juda". Die feindlichen Mächte haben jedenfalls bei dem Attentat nicht gesiegt. Über die Inschriften insgesamt informiert Sie, wie schon erwähnt, Kapitel 11.4.

Die **Fassade von St. Peter** und der Petersplatz sind besonders schön anzusehen, wenn vom Osten die Morgensonne scheint. Ein abendlicher Spaziergang zum Petersplatz wird durch die gute Ausleuchtung der Kolonnaden und der Kuppel zu einem besonderen Erlebnis. Ab 23 Uhr wird der Platz aus Sicherheitsgründen abgeschlossen; zur Via della Conciliazione hin wird ein Eisengitter zugemacht, in den Kolonnaden die Holzzäune geschlossen. Den Platz bewacht die Polizei.

Rechts hinter den Kolonnaden ragt der unter Papst Sixtus V. errichtete **Papstpalast** auf. Im obersten Stock wohnt und arbeitet der Papst. Am zweiten Fenster von rechts zeigt er sich den Gläubigen während des Angelusgebetes am Sonntagmittag. Hinter dem dritten Fenster befindet sich das Arbeitszimmer des Papstes. (Papst Franziskus hat diese Räume nicht bezogen. Er wohnt und arbeitet im Haus Martha Maria in der Nähe des Campo Santo Teutonico.)

In dem Gebäude sind außerdem kostbar ausgestattete Repräsentationsräume für Audienzen, aber auch Büro- und Wachräume. Der Zugang erfolgt über das **„Portone di Bronzo"** (Bronzetor) am nördlichen Ende der Kolonnaden. Dort sieht man im Vorbeigehen an dem Tor die berühmte Scala Regia („Königliche Treppe") von Gian Lorenzo Bernini, die einem ähnlichen Bauwerk von Francesco Borromini im römischen Palazzo Spada „nachempfunden" ist.

Die breite **Treppe vor der Basilika** wird von den 1847 hier aufgestellten Statuen der Apostelfürsten Petrus (links) und Paulus (rechts) eingerahmt. Die Originale stehen in der Kirche St. Paul vor den Mauern beim Triumphbogen. Petrus hält ein Buch mit dem

Text: „Et tibi dabo claves regni caelorum – Ich werde dir die Schlüssel des Himmelreiches geben" (Mt 16,19). Bei Paulus heißt der Text – in hebräischer Sprache – „Alles vermag ich durch ihn, der mir Kraft gibt" (Phil 4,13). Dass diese Texte in hebräischer und in lateinischer Sprache zitiert werden, drückt die Verbindung zwischen dem Alten und dem Neuen Testament aus.

Rechts von der Fassade der Peterskirche sieht man den Giebel der Sixtinischen Kapelle; sie ist für den Besucher nur über die Vatikanischen Museen zugänglich. Während eines dort stattfindenden Konklaves (Versammlung der Kardinäle zur Wahl eines neuen Papstes) wird über einen eigens am Giebel der Sixtina angebrachten kleinen Kamin der auf dem Petersplatz wartenden Menge mitgeteilt, ob der Wahlgang ein positives Ergebnis hatte (weißer Rauch) oder nicht (schwarzer Rauch). Unmittelbar nach erfolgter Wahl wird der neue Papst zur Loggia der Peterskirche über dem mittleren Eingang zur Basilika geführt und dem Volk mit den Worten „Habemus Papam – Wir haben einen Papst" vorgestellt. Dann wird der Name des Gewählten genannt, der daraufhin seinen ersten Segen spendet. Von dieser Loggia aus spendet der Papst auch traditionsgemäß an Weihnachten und Ostern den feierlichen Segen „Urbi et orbi – Der Stadt und dem Erdkreis".

Über dem mittleren Eingang zur Basilika (unter der Loggia) ist an der Fassade das Relief „Schlüsselübergabe" (24) von Ambrogio Buonvicino (um 1614) angebracht.

Mosaik „Mater Ecclesiae"

Rechts oben mit Blick auf den Giebel der Sixtinischen Kapelle ist ein Marienbild in Mosaik zu sehen. Wie schon erwähnt, ließ es Papst Johannes Paul II. anbringen; dem Original begegnen wir in der Basilika am Altar „Madonna della Colonna" (37).

Von der Engelsburg führt die Via della Conciliazione (Versöhnungsstraße) auf den Petersplatz. Sie wurde unter Mussolini zur Erinnerung an die in den Lateran-Verträgen vom 11. Februar 1929 festgeschriebene Aussöhnung zwischen dem italienischen Staat und dem Vatikan errichtet. Mit diesen Verträgen wurde der Heilige Stuhl – dies ist die völkerrechtliche Bezeichnung für den Vatikanstaat – für die Wegnahme des Kirchenstaates 1870 entschädigt und das Verhältnis der beiden Staaten auf eine neue Grundlage gestellt. Die Idee für eine solche Straße wurde bereits 1651 erstmals diskutiert, um einen freieren Blick auf die Basilika zu ermöglichen.

In Kapitel 11.1. finden Sie einen Übersichtsplan des Petersplatzes.

3. Die Vorhalle

Aus Ehrfurcht sollte der Besucher einer Kirche (vom griechischen Wort *kyriake* [oikia], *kyriakón* = Gotteshaus, eigentlich zum Herrn gehörig) nicht zu schnell eintreten. In alten Basiliken fanden sich Vorhöfe – oft mit Brunnen als Mahnung zur Reinigung –, die den Weg zum Heiligtum verlangsamen und damit den Besucher auf den Eintritt in das Haus Gottes einstimmen sollten. Auch in der alten Petersbasilika gab es einen solchen Vorhof, in dem der große Pinienzapfen-Brunnen stand, der heute in den Vatikanischen Museen zu sehen ist. Im frühen Christentum wurden die Katechumenen und Büßer nach dem Wortgottesdienst in den Vorhof bzw. in die Vorhalle verwiesen. In den Atrien wurden auch Andenken und Nahrungsmittel feilgeboten sowie Arme gespeist.

Zur besseren Orientierung sind in Klammern die Nummern des beigefügten Grundrisses (Kapitel 14) angegeben.

Die **Vorhalle** von St. Peter entstand im Zusammenhang mit der Errichtung der Fassade durch Carlo Maderno im Jahre 1612. Ihre Ausmaße sind gewaltig: Sie ist 71 m lang, 13 m breit und 20 m hoch. Die Vorhalle ist kostbar ausgestattet und will einstimmen auf die Basilika. Rechts (mit Blick auf die Portale) sieht man (2) das Reiterstandbild des Kaisers Konstantin (von Gian Lorenzo Bernini, 1654–1670), links (3) das Reiterstandbild von Karl dem Großen (von Agostini Cornacchini, 1725).

Stich des Freskos von Giotto (13. Jh.) „Navicella"

Blick in die Vorhalle der Basilika

Gegenüber dem Hauptportal fällt der Blick auf die sogenannte **„Navicella"** (4): ein Mosaik nach einem von Giotto für die alte Basilika zum ersten Heiligen Jahr 1300 gemalten Fresko. Es zeigt, wie Petrus über den See zu Jesus geht, aber versinkt (Mt 14,26–33). Die Darstellung verweist auf die Gesamtaussage der (Peters-)Kirche: Sie steht fest, weil Christus sie hält. Das Bild regt die Frage an: „Was tun wir, um unseren Glauben zu festigen?"

In den Lünetten sieht man 38 Statuen von Päpsten, die als Heilige verehrt werden. Über dem Hauptportal zeigt ein Relief aus der Bernini-Schule die Übergabe des Hirtenamtes an Petrus. Das Wappen im Fußboden erinnert an Johannes XXIII. (1958–1963) – an jenen Papst, der am 11. Oktober 1962 das Zweite Vatikanische Konzil eröffnete und in dessen Pontifikat dieser Teil des Fußbodens erneuert worden ist.

Die fünf **Portale** sind besondere Kostbarkeiten. Sie trennen den weltlichen vom heiligen Bezirk. Außerdem verdeutlichen sie das Wort Jesu „Ich bin die Tür" (Joh 10,7). Die drei mittleren Portale sind von jeweils zwei antiken Säulen eingefasst, die von der alten Basilika stammen; sie hatte 88 solcher Säulen.

Das **Hauptportal** (5) stammt aus der alten Basilika; es wurde lediglich größenmäßig dem neuen Rahmen angepasst. Papst Eugen IV. (1431–1447) hat es in

Die Felder des Hauptportals:

Linker Flügel	*Rechter Flügel*
Jesus Christus	Maria
Kaiser Paleologus fährt nach Rom	Kaiser Paleologus beim Konzil von Florenz (1439) und Rückkehr nach Konstantinopel
Apostel Paulus in Rom	Apostel Petrus, kniend vor ihm Eugen IV.
Ehrenritt des von Eugen IV. gekrönten Kaisers Sigismund (1433)	Gesandtschaft aus Abessinien bei Eugen IV.
Enthauptung des hl. Paulus	Kreuzigung des hl. Petrus

Auftrag gegeben; das Portal ist ein Werk des Antonio Filarete (1400–1469) und seiner Werkstatt und wurde im Jahre 1455 fertiggestellt.

In den Zwischenfeldern sind Bezüge zu Ovids Metamorphosen zu sehen. Vielleicht sind sie Hinweis darauf, dass auch wir uns beim Gehen durch das Portal verwandeln sollen.

Links vom Hauptportal (6) befindet sich die **Pforte des Guten und Bösen** von Luciano Minguzzi (1977), angebracht aus Anlass des 80. Geburtstags von Papst Paul VI.

Der rechte Flügel zeigt das Gute, der linke das Böse. Außerdem sieht man Reliefs der beiden Päpste des Zweiten Vatikanischen Konzils (Johannes XXIII. und Paul VI.) sowie einiger Moderatoren des Konzils.

Ganz links (7) ist die **Pforte des Todes** (durch dieses Portal wurden die Toten aus der Kirche getragen), gestaltet von Giacomo Manzù (1964), einem engen Freund von Johannes XXIII. Thema ist der heiligmachende Tod.

Die Innenseite des Portals zeigt den Einzug der Konzilsväter in die Peterskirche am 11. Oktober 1962 zur Eröffnung des Zweiten Vatikanischen Konzils; das Relief geht über beide Flügel des Portals. Am unteren Teil des linken Flügels hat Manzù seine Hand eingedrückt.

Das Hauptportal (15. Jh.)

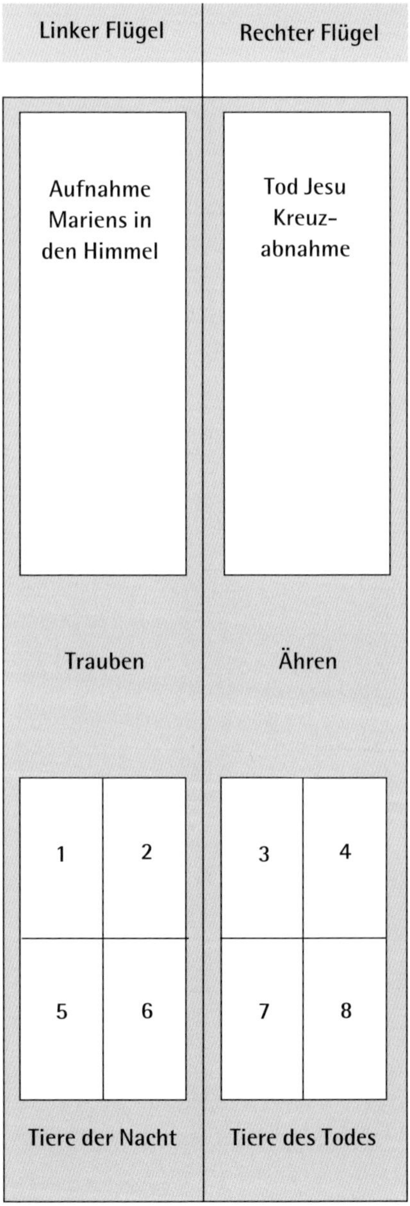

Pforte des Todes:
1 Kain ermordet Abel
2 Der hl. Josef, Patron einer guten Sterbestunde
3 Steinigung des hl. Stefanus
4 Papst Gregor VII. stirbt 1085 in Salerno
5 Tod durch Gewalt
6 Tod Papst Johannes XXIII. (1963); rechts oben ist zu lesen „Pacem in terris – Friede auf Erden"; dies ist der Titel der letzten Enzyklika des Papstes (1963).
7 Tod in der Luft
8 Tod auf Erden: Eine Mutter stirbt, ihr Kind schaut hilflos zu.

Darunter sind Tiere der Nacht und des Todes zu sehen (von links nach rechts): toter Vogel, Haselmaus, Igel, Eule, Schildkröte, Rabe.

In der Mitte des Portals hängen Trauben und Ähren: Sie weisen auf die lebensspendende Eucharistie hin.

Alles Leben fällt zu Tode, es fällt aber nicht ins Nichts, sondern in Gottes bergende Hände. So lässt sich die Thematik dieses Portals zusammenfassen.

Das Portal rechts vom Hauptportal (8) ist die **Pforte der Sieben Sakramente** von Venanzo Crocetti (1965). Im obersten Feld der linken Türhälfte sieht man – als Hinweis auf die Verkündigung an Maria – einen Engel als Gnadenkünder.

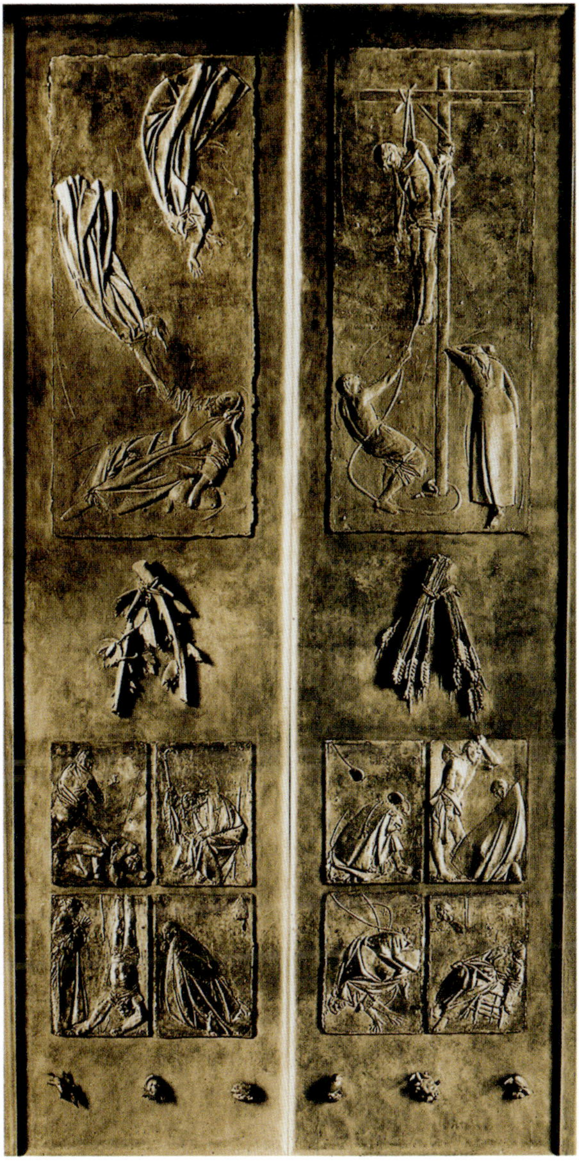

Die Pforte des Todes

Die zwei Portale von Manzù und Crocetti wurden aus einem Vermächtnis des 1943 verstorbenen Wittelsbacher Prinzen Georg von Bayern finanziert, der Domherr von St. Peter war.

Das Portal ganz rechts (9) ist die **Heilige Pforte** der Basilika; sie wird nur an Heiligen Jahren geöffnet. Das Bronzeportal wurde für das Heilige Jahr 1950 nach Entwürfen von Prälat Ludwig Kaas (aus Trier) von Vico Consorti gestaltet und von der Diözese Basel zum Dank für die Bewahrung vor Kriegsschäden im Zweiten Weltkrieg gestiftet.

Dargestellt sind (von links oben nach rechts unten): die Vertreibung aus dem Paradies, Verkündigung, Taufe Jesu, der Gute Hirte, der Verlorene Sohn, Heilung des Gelähmten, Jesus und die Sünderin (Lk 7,36), die Verzeihensfrage („Wie oft muss man verzeihen?" – Mt 18,21), Petrus verleugnet Jesus, Kreuzigung, der Ungläubige Thomas, Übertragung der Binde- und Lösegewalt an die Apostel, Bekehrung des heiligen Paulus, Eröffnung der Heiligen Pforte 1950 durch Papst Pius XII. Zur Erinnerung, dass das Portal von Schweizern gestiftet wurde, sieht man im Hintergrund einen Schweizer Gardisten. Zwischen den einzelnen Feldern finden sich die Wappen aller Päpste, in deren Amtszeit ein Heiliges Jahr fiel.

Links von der Heiligen Pforte ist eine Steinplatte (10) mit jenem Text der Bulle angebracht, mit der Bonifaz VIII. 1300 das erste Jubiläumsjahr ausrief.

Wollen Sie die Darstellung in den Portalen noch weiter erkunden, so finden Sie dazu in Kapitel 11.8 hilfreiche Informationen.

Über der Vorhalle ist die Benediktions-Aula; über diese Aula betritt der Papst die Loggia der Peterskirche zum feierlichen Segen „Urbi et orbi – Der Stadt und dem Erdkreis".

4. Rundgang in der Basilika

Der Rundgang beginnt auf der **Porphyrplatte** (11). Diese Bodenplatte ist ein geschichtsträchtiger Ort: Porphyr ist seit der Antike Symbol für Herrschaft. Die Platte stammt noch aus der alten Basilika, wo sie im Fußboden vor dem Hochaltar eingelassen war. Der Überlieferung nach wurde auf ihr an Weihnachten des Jahres 800 Karl d. Gr. von Papst Leo III. zum Römischen Kaiser gekrönt. Papst Leo III. (795–816) war im Jahr 799 als

Die geschichtsträchtige Porphyrplatte

Blick in die Basilika

Schutzsuchender zu Karl d. Gr. nach Paderborn gereist. Mit der Würde des Römischen Kaisers übernahm der gekrönte Kaiser auch die Schutzpflicht über die Kirche und die Päpste, was später zu schweren Auseinandersetzungen im sogenannten Investiturstreit führte. Über die Krönungen von insgesamt 23 Kaisern im Petersdom finden Sie weitere Informationen in Kapitel 11.3.

Lassen Sie sich nun etwas Zeit zum „Einschauen" in die Basilika. Ein Wort zur Ausstattung und zu den Proportionen der Basilika: Man möge sich bewusst machen, dass die Peterskirche im Kern ein Bauwerk der Renaissance ist, das im Stile des Barock ausgestaltet wurde. 39 Künstler, darunter auch Francesco Borromini, vor allem aber Gian Lorenzo Bernini, arbeiteten besonders in den Jahren 1645–1648 an der Ausgestaltung von Hauptschiff und Seitenschiffen. Die endgültige Fertigstellung zog sich aber länger hin.

Am Weihwasserbecken

Zunächst ist der Besucher meist etwas verwundert; er hat sich womöglich alles viel gewaltiger vorgestellt. Der harmonische Eindruck entsteht durch die ausgewogenen und aufeinander abgestimmten Proportionen.

Einige Größenangaben erleichtern das „Einschauen": Die „kleinen" Putten an den **Weihwasserbecken** (12) sind zwei Meter groß. Der Baldachin am Papstaltar misst 29 m; er ist so hoch wie der römische Palazzo Farnese. Das Hauptschiff ist 186,4 m lang, 25,9 m breit und 46,2 m hoch. Die Basilika ist die größte Kirche der Christenheit.

Zwischen den Pilastern sind je zwei übereinander angeordnete Nischen mit Statuen von heiliggesprochenen Ordensgründern, z. B. Theresia von Ávila, Vinzenz von Paul, Ignatius von Loyola. Die unteren Statuen sind 4,5 m hoch, 5,5 m die oberen. Einen Plan mit den Namen und Positionen der Heiligen finden Sie in Kapitel 11.2.

An den Bögen, die aus dem Hauptschiff in die Seitenschiffe führen, sind oben die „Tugenden" angebracht. Über diese liegenden Statuen gewaltiger Größe erhalten Sie genauere Informationen in Kapitel 11.7.

Wenn Sie beim Rundgang die Altarbilder bewundern: Mit einer Ausnahme in der Sakramentskapelle sind alle bildlichen Darstellungen Mosaiken. Die Altarbilder wurden nach 1720 in Mosaik nachgebildet, weil die Ölgemälde durch aufkommende Feuchtigkeit gefährdet waren. Die Originale sind in der Pinakothek der Vatikanischen Museen, in der Kirche Santa Maria degli Angeli oder andernorts.

Das Hauptschiff diente von 1962 bis 1965 als Aula für die etwa 3.000 Konzilsväter, die am Zweiten Vatikanischen Konzil teilnahmen. Das Erste Vatikanische Konzil (1869–1870) tagte im rechten Querschiff der Basilika.

Links geht es zur **Taufkapelle** (13): Die Taufe öffnet den Weg in die Gemeinschaft der Glaubenden. Und: „Wer glaubt, ist nicht allein" (Benedikt XVI.). In Rom geboren und in St. Peter getauft zu sein, gilt bis zum heutigen Tag als etwas Besonderes. Die Architektur der Kapelle stammt von Carlo Fontana. Sein Onkel Domenico Fontana stellte den Obelisk auf dem Petersplatz auf und vollendete die Kuppel der Basilika. Die Schale des Taufbeckens besteht aus Porphyr; sie ist vier Meter lang und zwei Meter breit und stammt wahrscheinlich von einem heidnischen Grabmal. Sie diente Jahrhunderte lang als Sarg des deutschen Kaisers Otto II. († 983), der jetzt in der Unterkirche sein Grab hat *(15)*.

Grabmal der letzten Stuarts

Der Weg führt weiter durch das Seitenschiff zum **Grabmal der letzten Stuarts** (14): König Jakob III. († 1766 in Rom) sowie seine Söhne Karl Eduard (Graf von Albano) und Heinrich (Herzog von Yorck, Kardinalbischof von Frascati, Erzpriester

AELORVM TV ES PETRVS ET
MVNDO REF

Taufbecken

von St. Peter) werden hier gewürdigt. Das 1829 entstandene Denkmal stammt von Antonio Canova. Eine Scheintüre mit geflügelten Todesgenien, die gesenkte Fackeln halten, erinnert an den Tod als Durchgang zum Ewigen Leben.

Gegenüber befindet sich das **Denkmal der letzten katholischen Königin von England, Maria Clementina Sobieska** (15), der Gemahlin von König Jakob III.: Es zeigt ein Bildnis der Königin sowie Krone und Szepter. Maria Clementina Sobieska († 1735) war die Enkelin des Polenkönigs Jan Sobieski (Befreier Wiens von den Türken 1683); ihre beiden Söhne sind im Stuart-Denkmal gegenüber genannt. Ihr Ehemann, König Jakob III., gab ihr durch seinen Lebenswandel etlichen Anlass zu Kummer; sie wandte sich der Religion zu und pflegte ein intensives frommes Leben. In der Kirche „Dodici Apostoli" hat ihr Mann – wohl als Ausdruck später Reue – ihr ein eigenes Denkmal errichten lassen. Der Künstler des Denkmals in St. Peter ist Filippo Barigioni (1745). Dargestellt ist die Allegorie der Liebe mit brennendem Herzen in der linken Hand. Das Porträt ist als Mosaik ausgeführt. Es

Sitzung des
Zweiten Vatikanischen Konzils

stammt von Pietro Paolo Cristofari, dem ersten Leiter der Mosaikwerkstätten von St. Peter.

Gleich nebenan führen die **Wendeltreppe** (16) und der (alte) Aufzug zum Dach der Basilika. Der neue Aufzug ist an die Nordseite außerhalb der Basilika angebaut worden.

Altar mit Darstellung Mariens im Tempel von Francesco Romanelli. Im Altar ruht Pius X.

In der folgenden **Kapelle der Darstellung Mariens im Tempel** (17) wird im Altarbild von Francesco Romanelli (ca. 1640) an die Legende erinnert, dass Maria im Kindesalter im Tempel zu Jerusalem zur Erziehung als Tempel-Jungfrau übergeben wurde (Fest am 21. November). Unter der Altarplatte ruht der Leichnam des heiligen Papstes Pius X. (1904–1914). Gesicht und Hände sind mit einer silbernen Maske bedeckt. „Instaurare omnia in Christo – Alles in Christus erneuern" war sein Wahlspruch. Vor seiner Wahl war er Patriarch von Venedig (wie Johannes XXIII. und Johannes Paul I.). Er begann mit einer Reform des Kirchlichen Gesetzbuches; die vielen Einzelregelungen sollten in einem eigenen Gesetzbuch zusammengefasst und der Zeit angepasst werden (Codex Juris Canonici). Als großer Seelsorger empfahl Pius X. die häufige Kommunion und erlaubte die Kinderkommunion. Vor dem Ersten Weltkrieg bemühte er sich intensiv um den Erhalt des Weltfriedens.

Das **Grabmal** (18) seines Nachfolgers **Papst Benedikt XV.** (1914–1922) befindet sich links vom Altar. Pietro Canonico hat es 1928 geschaffen. Gestiftet wurde es aus Dankbarkeit von der Stadt Bologna, wo der Papst vor seiner Wahl Erzbischof war. Auch dieser Papst tat vieles, um den grausamen Krieg zu beenden, aber die weltlichen Mächte gingen auf seine Anregungen nicht ein. Die Darstellung zeigt Benedikt XV. betend vor einem Grab, das sinnbildlich für alle Gräber Europas steht. Olivenzweige symbolisieren die Friedensbemühungen des Papstes. Vor dem Papst liegt das Kirchliche Gesetzbuch; während seiner Amtszeit wurden die unter Pius X. begonnenen Arbeiten abgeschlossen. Das Relief zeigt Maria als Königin des Friedens; Benedikt XV. hat 1917 in die Lauretanische Litanei die Anrufung „Maria, Königin des Friedens" eingefügt. (In der Kirche S. Maria Maggiore erinnert im linken Seitenschiff eine Statue an diese Ergänzung.)

Rechts vom Altar dieser Kapelle (19) ist an der Wand das **Denkmal für Papst Johannes XXIII.** (1958–1963), das von Emilio Greco (1970) geschaffen wurde. Von oben schwebt eine Engelschar herab, um die Menschen zu ermutigen. In der Mitte sieht man den Papst beim Besuch von Gefangenen, Kindern und Kranken. Eine Mutter will ihr Kind vom Papst segnen lassen, aber das Kind wendet sich ab – Zeichen einer gottfernen Generation. Johannes XXIII. – bei seiner Wahl schon 76 Jahre alt – war ein liebenswürdiger Hirte, der aber sehr intensiv die Erneuerung der Kurie und der Kirche vorantrieb. Er berief – ungeachtet vieler Gegenmeinungen – das Zweite Vatikanische Konzil ein. Beim Besuch der Gefangenen im römischen Gefängnis „Regina coeli" erzählte er den Insassen, dass auch sein Onkel einmal eingesperrt gewesen sei, weil er gewildert habe. Johannes XXIII. wurde am 3. September 2000 selig- und am 27. April 2014 heiliggesprochen; sein Leichnam ruht seit Juni 2001 im Altar mit dem Bild „Die Kommunion des hl. Hieronymus" (60).

Grabmal für Innozenz VIII.

Geht man weiter, kommt man (rechts) zum **Grabmal für Papst Innozenz VIII.** (1484–1492) (20) von Antonio und Piero Pollaiolo (1498). Dieses Denkmal wurde als einziges aus der alten Basilika übernommen. Es ist ein großartiges Beispiel der Renaissancekunst. Der Papst hält in seiner Hand die heilige Lanze. Diese hatte er 1492 nach dem Fall von Granada von Sultan Bajasid II. erhalten, nachdem er – wofür er obendrein noch Geld bekam – den Bruder des Sultan in Gewahrsam gehalten hatte, damit dieser Bajasid nicht den Thron streitig machen konnte. Der Papst ist zweimal dargestellt: thronend – umgeben von den Allegorien der vier Kardinaltugenden (Klugheit, Gerechtigkeit, Tapferkeit, Zucht und Maß) – und im ewigen Schlaf. Seine Bulle „Summis desiderantes affectibus" (1484) förderte – leider – die Hexenprozesse. In seiner Regierungszeit wurde die päpstliche Hofhaltung zunehmend verweltlicht: Die Hochzeit seines Sohnes Franceschetto mit einer Tochter von Lorenzo de' Medici wurde im Vatikan groß gefeiert.

Ein zweites, noch bedeutenderes Renaissance-Grabmal für Sixtus IV. († 1484) befindet sich in der Schatzkammer von St. Peter; es stammt ebenfalls von den Gebrüdern Pollaiolo; sie schufen auch die heute zur Kapitolinischen Wölfin gehörenden „Zwillinge".

Gegenüber ist das **Denkmal für den heiligen Papst Pius X.** (21) von Pier Enrico Astorri (1923): Der Papst opfert sein Leben für den Frieden der Welt. Auf der Bronzetür im Denkmal sind Ereignisse aus seiner Amtszeit dargestellt: Weihe von 15 französischen Bischöfen nach Abbruch der diplomatischen Beziehungen zwischen Frankreich und dem Heiligen Stuhl; Einweihung neuer Räume der Pinakothek in den Vatikanischen Museen; Gründung des Bibelinstituts; Kodifikation des Kirchenrechts; Hilfe für die Erdbebenopfer von Messina (1908 mit 84.000 Toten von 120.000 Einwohnern).

Die zuletzt genannten Grabmäler zeigen, wie eng Heiliges und Unheiliges beieinanderliegen kann.

Links kann man einen Blick in die leider meist geschlossene **Chorkapelle des Kapitels** (22) von St. Peter werfen. Architekt der Kapelle ist Giacomo della Porta. Der Raum ist reich ausgestattet. Im Altar ruhen Reliquien des heiligen Johannes Chrysostomus (350–407); Papst Johannes Paul II. gab einen Teil dieser Reliquien, die 1204 von Byzanz nach Rom gebracht wurden, dem ökumenischen Patriarchen Bartholomaios I. zurück, ein Vorgang, den jener als „einen Höhepunkt der Freundschaft" bezeichnete. 1204 war Konstantinopel von Kreuzfahrern geplündert worden. Chrysostomus schenkte uns die Gedanken der vier Wege Gottes zu den Menschen: die Schöpfung, das Wort der Schrift, der Mensch gewordene Jesus Christus, die Dynamis als Kraft des Geistes. Wenn wir dies bedenken, nähern wir uns dem Heiligen auch innerlich.

Das Altarbild von Pietro Bianchi (1740) zeigt die Unbefleckt Empfangene mit den Heiligen Johannes Chrysostomus, Franz von Assisi und Antonius von Padua. Am

Altar der Chorkapelle mit Altarbild von Pietro Bianchi

Tag der Verkündigung des Dogmas von der Unbefleckt Empfangenen (8. Dezember 1854) wurde das Bild gekrönt; 1904 stiftete eine internationale Frauenorganisation die Verzierung mit 12 Brillanten. An den Seitenwänden der Chorkapelle befinden sich zwei historische Orgeln, die zusammen gespielt werden können; dadurch wird ein besonderer Stereoeffekt erzielt. Orgelmeister war u. a. Domenico Scarlatti (1695–1728), der zeitweilig auch am „römischen Hof" der Christine von Schweden wirkte.

Werfen Sie noch einen Blick auf die großzügig gestaltete Decke der Chorkapelle.

Im nächsten Durchgang kommt man rechts (23) zum **Denkmal für den 1958 seliggesprochenen Papst Innozenz XI.** (1676–1689). Er reformierte den Kirchenstaat und lehnte Nepotismus (Bevorzugung von Verwandten) ab. In seine Amtszeit fällt der Sieg am Kahlen Berg bei Wien (1683) über die Türken durch deutsche (u. a. mit Bayerns Kurfürst Max Emanuel) und polnische Truppen (unter König Jan Sobieski). In den Vatikanischen Museen ist die Schlacht in einem großen Gemälde des polnischen Malers Jan Mateijko dargestellt (Sala Sobieski).

Gegenüber (24) steht das **Grabmal für Papst Leo XI.** (1605); er war nur 25 Tage Papst. Das Grabmal gestaltete Alessandro Algardi (1595–1654). Die linke Figur stellt die Tapferkeit dar, die rechte die Freigiebigkeit; die Statuen schufen Ercole Ferrata (Tapferkeit) und Giuseppe Peroni (Freigiebigkeit). Die Reliefs zeigen, wie der französische König Heinrich IV. dem Protestantismus abschwört (1593), und den Friedensschluss mit Spanien (1598).

Als Nächstes kommt man zum **Altar „Verklärung Christi"** (25). Das Altarbild ist von Raffael (1517) gemalt und von seinen Schülern Giulio Romano und Francesco Penni vollendet. Die dargestellte Begebenheit wird in den Evangelien berichtet (Mt 17,1–9; Mk 9,2–10; Lk 9,28–36). Das Original des Bildes kann man in der Pinakothek der Vatikanischen Museen bewundern. Raffael bat auf seinem Krankenbett, dieses Bild noch einmal sehen zu können; man stellte es in sein Krankenzimmer und trug es nach seinem Tod (1520) bei der Trauerprozession ins Pantheon voraus, wo er auf seine Verklärung wartet. Das Bild ist zweigeteilt: Unten sind die hilflosen Apostel, die einen Kranken nicht heilen können; sie weisen nach oben zu Christus, ihrer „Kraftquelle". Oben ist Christus bei seiner „Kraftquelle", beim Vater. Erschließt sich dieses Bild auch uns unter diesem Gesichtspunkt?

Im Altar ruht der Leichnam des seligen Papstes Innozenz XI. (1676–1689; früher im Altar des hl. Sebastian, (66)). Ihm galt die Abbitte, die Christine von Schweden dem Papst wegen ihres Lebenswandels zukommen ließ (69).

Decke der Chorkapelle

Links gelangt man in die **Cappella Clementina**, deren Ausstattung zum Heiligen Jahr 1600 vollendet wurde. Im Gregor-Altar (26) ruhen die Reliquien des hl. Papstes Gregor d. Gr. (590–604); er gab den Anstoß zur Missionierung der Angelsachsen; die Missionare wurden vom hl. Augustinus von Canterbury geleitet. Im Zuge der iroschottischen Mission unter Bonifatius (672/673–754) kam das Christentum von England aus nach Deutschland.

Links vom Gregor-Altar steht das (27) **Denkmal für Papst Pius VII.** (1800–1823) von Bertel Thorwaldsen (1840); es wirkt klassizistisch kühl. Pius war der „Leidenspapst der napoleonischen Zeit". 1809 wurde er im Quirinal verhaftet und nach Frankreich verschleppt; erst 1814 kam er wieder nach Rom. Die Statuen am Denkmal symbolisieren die Weisheit (rechts) und die Kraft (links); die geflügelten Genien weisen als die Zeit (mit

Altarbild: Verklärung Christi von Raffael. Im Altar ruht Innozenz XI.

Stundenglas) und die Geschichte (mit Tafel) auf den Ablauf des menschlichen Lebens hin.

Geht man weiter, folgt links (im Durchgang) die Tür zur **Sakristei** (28). Dort finden die Zelebranten Kelch und Messgewand und die sie zum Ort der Messfeier begleitenden Ministranten (mit Wasser und Wein). Wegen ihrer Größe und Ausstattung ist die Sakristei auch sehenswert. Über den Zugang zur Sakristei führt auch der **Weg in die Schatzkammer von St. Peter**. Dort sind wertvolle liturgische Geräte, Paramente und Kunstgegenstände zu besichtigen, u. a. das großartige, von den Gebrüdern Pollaiolo stammende Grabdenkmal für Papst Sixtus IV. (1471–1484) und der Sarkophag für Junius Bassus, den Römischen Präfekten, der sich 355 zum Christentum bekehrt hat. Auf dem Weg zur Sakristei kommt man an einer Steintafel vorbei, auf der die Namen aller in St. Peter bisher begrabenen Päpste vermerkt sind.

Am Sakristei-Eingang (29) ist das **Denkmal für Papst Pius VIII.** (1829–1830) mit den Statuen der Weisheit (rechts) und der Gerechtigkeit (links); auf hohen Sockeln stehen Petrus (links) und Paulus (rechts). Das Grabmal stammt von Pietro Tenerami. Es ist beeinflusst von Bertel Thorwaldsen und wurde 1866 enthüllt.

Schatzkammer: Sarkophag des Junius Bassus (4. Jh.)

Schatzkammer: Grabmal für Sixtus IV. (15. Jh.)

Gegenüber befindet sich der **„Altar der Lüge“** (30). Dargestellt wird die Begebenheit aus der Apostelgeschichte (Apg 5,1–11), nach der Ananias und seine Frau Saphira ein Grundstück verkauften und die erzielte Geldsumme den Aposteln übergaben. Insgeheim behielten sie einen Teil für sich zurück. Den Aposteln sagten sie jedoch, sie hätten das Grundstück um die abgegebene Summe verkauft. Nach ihrer Lüge fielen beide tot um. Das Mosaik wurde nach einem Bild von Cristoforo Roncalli da Pomerancio (1552–1626) 1726 gefertigt. Das Original ist in der

Tafel mit den Namen aller bisher (149) in St. Peter begrabenen Päpste

Kirche S. Maria degli Angeli. Diese Begebenheit lässt uns nach dem Umgang mit der Wahrheit fragen.

Nun betreten Sie das **linke Querschiff.** Sein Hauptaltar ist seit 1963 **dem hl. Josef** geweiht (31). Die Umwidmung veranlasste Papst Johannes XXIII. zu Ehren seines Namenspatrons, unter dessen besonderen Schutz der Papst das Zweite Vatikanische Konzil stellte. Gleichzeitig sorgte Johannes XXIII. dafür, dass der hl. Josef im Messkanon genannt wird. Das Altarmosaik schuf A. Funi (1961). Früher war dieser Altar den Aposteln Simon und Judas geweiht. Unter der Mensa befinden sich in einem alten Sarkophag aus S. Costanza die Reliquien dieser beiden Apostel; sie sind am Altar in zwei Medaillons abgebildet.

Vor dem Altar ist die (unbezeichnete) Grabstätte des Pierluigi Palestrina (1525–1594), der zuletzt Kapellmeister von St. Peter war. Er ist der bedeutendste Komponist der Renaissance.

Links vom Hauptaltar dieses Querschiffes befindet sich der **Petrus-Altar** (32). Das Altarbild – ein Werk von G. Spadarino – war früher im heutigen Josefs-Altar; es zeigt die Kreuzigung des hl. Petrus. Unter der Mensa sieht man – getrennt durch ein Gitter – einen mit Wellenbändern geschmückten Sarkophag mit den Gebeinen des aus Egisheim (Pfalz) stammenden hl. Papstes Leo IX. (1049–1054). Die Wellenbänder sind Zeichen des ewigen Lebens.

Rechts vom Josefs-Altar steht der **Thomas-Altar** (33). Das Altarbild ist ein Mosaik nach V. Camuccini. Es zeigt den Ungläubigen Thomas (Joh 20,24–29). Unter der Mensa ruhen in einem Sarkophag die Gebeine des hl. Papstes Bonifaz IV. (608–615). Kaiser Phokas überließ ihm das Pantheon, welches danach (609) zur Kirche zu Ehren Mariens und aller Märtyrer erhoben wurde (Sancta Maria ad Martyres).

Gehen Sie weiter, treffen Sie am Durchgang auf den **Herz-Jesu-Altar** (34). Das Altarbild – ein Werk von Carlo Mucciolini (1921) – zeigt die hl. Maria Margarete Alacoque (1647–1690). Diese begnadete Mystikerin erhielt von Christus in einer Vision den Auftrag, die Herz-Jesu-Verehrung zu fördern. Die Heilige ist in Paray-le-Monial begraben, wo sie 1671 in den Orden der Heimsuchung eintrat. Das jetzige Mosaik wurde 1921 angebracht.

Gegenüber sehen Sie das grandiose (35) **Grabmal für Papst Alexander VII.** (1655–1667). Es wurde nach einem Entwurf von Gian Lorenzo Bernini gestaltet und 1672 enthüllt. Dieser Papst gab Bernini u. a. den Auftrag für die Gestaltung des Petersplatzes und der Scala Regia im Vatikanpalast. Der Papst kannte Deutschland gut, er war von 1639 bis 1651 dort Nuntius und an den Verhandlungen zum Westfälischen Frieden 1648 beteiligt, mit dem der Dreißigjährige Krieg ein Ende

Grabmal für Alexander VII. von Gian Lorenzo Bernini (17. Jh.)

fand. Bei diesen Verhandlungen lernte er Christine von Schweden kennen, die er nach ihrer Konversion zum katholischen Glauben eingeladen hat, nach Rom zu kommen, was ihm später nicht nur Freude bereitet hat.

Das Grabmal ist ein Glanzstück barocker Kunst: Aus einer schwungvollen Draperie aus sizilianischem Jaspis taucht ein in Bronze gegossenes Totengerippe auf, das dem Papst die Sanduhr als Zeichen der abgelaufenen Lebenszeit vor Augen hält. Seitlich sind die Personifikationen verschiedener Tugenden zu sehen: rechts die „Wahrheit", dahinter die „Gerechtigkeit"; links die „Liebe", dahinter die „Klugheit". Die „Wahrheit" war ursprünglich nackt dargestellt; auf Geheiß des Papstes Innozenz XI. erhielt sie ein Metallgewand, das weiß angestrichen wurde. Am Fuß dieser Figur ist eine Weltkugel; mit dem Fuß zeigt die Wahrheit auf England – ein Hinweis auf die damalige Abspaltung Englands von der römisch-katholischen Kirche unter König Heinrich VIII.

Die Tür unter dem Denkmal (36) ist der Ein- und Ausgang u. a. für Diplomaten

Fresko „Madonna della Colonna" aus dem Umkreis von Pietro Cavallini (14. Jh.)

und Rollstuhlfahrer. Der Zugang von außen liegt an der Südseite der Basilika. Ihn verschließt außen die **Porta delle Preghiere** (Pforte der Gebete) – ein modernes Portal, das die Grundgebete (Credo, Vaterunser, Ave-Maria und Benedictus) der katholischen Kirche zeigt. Dieses Portal schuf 1972 Lello Scorzelli.

Nun gelangen Sie in die **Kapelle der Madonna an der Säule**. Links steht der Altar der Madonna an der Säule – Madonna della Colonna (37); das Fresko stammt noch aus der alten Basilika. Am 21. November 1964 hat Paul VI. zum Abschluss der 3. Sitzungsperiode des Zweiten Vatikanischen Konzils die Inschrift „Mater Ecclesiae" anbringen lassen, um Maria als Mutter der Kirche zu ehren. Unter der Mensa ist der Sarkophag mit den Gebeinen der Päpste Leo II. (682–683), Leo III. (795–816; er krönte Karl d. Gr.) und Leo IV. (847–855), der die nach ihm benannte Leoninische Mauer um den Vatikan bauen ließ, um mehr Schutz vor den Sarazenen zu erhalten (849 Schlacht von Ostia!).

Rechts vom Madonnenaltar kommt man zum **Altar des hl. Papstes Leo d. Gr.** (440–461) (38). Er hatte gegen die Manichäer und die Nestorianer zu kämpfen. Die Bezeichnung „Manichäer" verdankt sich dem iranischen Religionsstifter Mani (216–277). Sie erklärten die Welt nach einem radikalen religiös-dualistischen Prinzip, wonach sich das Reich des

Relief im Altar des hl. Papstes Leo d. Gr. von Alessandro Algardi: Leo weist Attila zurück

Lichts mit dem Lichtgott und das Reich der Finsternis mit dem Gott der Finsternis als Prinzipien des Guten und des Bösen von jeher bekämpfen; ein komplizierter Mythos will ergründen, wie es zum Zustand der „Vermischung" zwischen beiden Welten kam, die der Mensch erfährt. Die Schöpfung der Welt kommt auch aus dem Urprinzip des Bösen, also nicht von Gott. Den Nestorianern ging es – ausgehend von der Ablehnung des Titels „Gottesgebärerin" für Maria, der vom Konzil von Ephesus 431 festgelegt wurde – um die strikte Unterscheidung von göttlicher und menschlicher Natur in der einen Person Christi. Als die Reichssynode von Ephesus (449) den Monophysitismus (Christus sei vollkommen göttlich und vollkommen menschlich, habe aber nur eine Natur, nämlich eine gott-menschliche – im Gegensatz zur Position von Chalcedon, die die Zwei-Naturen-Lehre Christi vertritt, eine göttliche und eine menschliche) der Nestorianer als rechtgläubig erklärte, bezeichnete Leo d. Gr. dieses Treffen als „Räuber-Synode". 451 fand das Konzil von Chalcedon statt, von dem der Satz stammt: „Durch Leo hat Petrus gesprochen".

Das Relief im Altar nimmt Bezug auf eine historische Begebenheit: Leo tritt bei Mantua dem Hunnenkönig Attila entgegen. Attila war von Leo so beeindruckt, dass er Italien verschonte. Das Altar-Relief schmückt das Ereignis aus: Die Apostelfürsten Petrus und Paulus hätten Attila bedroht, daraufhin sei dieser abgezogen (Relief von Alessandro Algardi, 1648). Der Putto über dem Relief stammt von Francesco Borromini (1599–1667). Die Begegnung zwischen Leo und Attila wurde von Raffael (1485–1520) in den Stanzen der Vatikanischen Museen als Fresko dargestellt. Als 455 der Vandalenkönig Geiserich nach Rom kam, konnte Leo erreichen, dass dessen Räubereien nicht ganz so verheerend ausfielen. Von Leo d. Gr. stammt das Wort, das wir von hier innerlich mitnehmen können: „Christ, erkenne deine Würde!"

Vor dem Altar (39) sieht man die **Grabplatte für Papst Leo XII.** (1823–1829). Er leitete den Kirchenstaat auf absolutistische Weise und schloss nach der Neuordnung Europas infolge des Wiener Kongresses (1814/1815) zahlreiche Konkordate ab.

Beim Weitergehen in Richtung Hauptschiff gelangen Sie rechts zum **Altar** (40) mit dem Bild **der Heilung eines Kranken durch den hl. Petrus**. Das Altarbild stammt von Francesco Mancini (1760). Damit beginnt der „Reigen" von Altären, die Begebenheiten aus dem Leben des hl. Petrus darstellen. Dieser „Reigen" führt – ausgenommen der Altar des hl. Basilius – um die vorderen Kuppelpfeiler.

Gegenüber dem Altar der Krankenheilung sehen Sie das **Grabmal für Papst Alexander VIII.** (1689–1691) (41). Er erwarb von Christine von Schweden deren kostbare Büchersammlung für die Vatikanische Bibliothek. Carlo Arrigo Conte di San Martino entwarf das Grabmal.

Die Apsis-Glorie mit der Cathedra Petri von Gian Lorenzo Bernini

AGNOS ET OVES
ΣΥ ΒΟΣΚΕΙΣ ΤΑ

Nun öffnet sich das Mittelschiff, das optisch beherrscht wird von der Apsis-Glorie und der Cathedra Petri – zwei Werke von Bernini – in dem **Tribuna** genannten Teil der Basilika. Hier befand sich das Presbyterium der alten Basilika.

Im stuhlförmigen Gehäuse des Altaraufbaus ist die **„Cathedra Petri"** (42) eingeschlossen. Obwohl es unwahrscheinlich ist, dass der hl. Petrus je auf diesem Stuhl saß, haftet dem Gegenstand durch die jahrhundertelange Verehrung große Ehrwürde an. Neueste Untersuchungen datieren diese „Reliquie" etwa ins 9. Jh. Karl der Kahle soll den Thron 875 anlässlich seiner Kaiserkrönung benutzt und anschließend dem Papst Johannes VIII. geschenkt haben. Eine originalgetreue Kopie der „Cathedra Petri" kann man in der Schatzkammer bewundern. Die Cathedra wird symbolisch getragen von vier Kirchenlehrern, je zwei aus dem Westen (mit Mitra) und zwei aus dem Osten: (von links nach rechts) Ambrosius (340–397), Athanasius (295–373), Johannes Chrysostomus (344/354–407), Augustinus (354–430). Die Statuen sind in Bronze gegossen.

Über der Cathedra erstrahlt die **Apsis-Glorie** (43), deren Mittelpunkt das Glasfenster mit der Darstellung des Heiligen Geistes in Form einer Taube ist. Die Höhe der Glorie beträgt 25 m. Die Engel sind teils aus vergoldetem Stuck, teils aus Bronze. Oben im Schriftband sind die Worte zu lesen: „Weide meine Lämmer, weide meine Schafe" (Joh 21,15–17), links in lateinischer und rechts in griechischer Sprache. Über den Text des gesamten Schriftbandes informiert Kapitel 11.6.

Links vom Altar ist in einer Nische (44) das **Denkmal für Papst Paul III.** (1534–1549) aufgerichtet. Er bestätigte den Jesuitenorden und berief das Konzil von Trient (1545–1563) ein. Er war ein „Mensch zwischen den Zeiten": reformwillig, aber doch dem Weltlichen nicht abgeneigt. Er berief hervorragende Kardinäle und ernannte 1547 Michelangelo zum Baumeister von St. Peter. Am Grabmal sehen wir den Papst sitzend mit Segensgestus, links unten die Statue der Gerechtigkeit (Porträt der Schwester des Papstes Giulia Farnese; sie hat durch ihre Beziehungen zum Päpstlichen Hof dem Geschlecht der Farnese den Weg nach oben gebahnt), rechts die der Klugheit (Porträt der Mutter des Papstes Giovanella Caetani). Der Sarkophag aus Marmor barg früher die Gebeine von Maria, der Gemahlin des Kaisers Honorius (395–423). Das Grabmal gestaltete Guglielmo della Porta (1574).

Rechts vom Altar (45) steht das **Denkmal für Papst Urban VIII.** (1623–1644). Ein als Knochenmann gestalteter Todesgenius schreibt den Namen des Papstes auf ein Blatt. Die Statuen symbolisieren die Liebe (links) und die Gerechtigkeit (rechts). Den Entwurf fertigte Gian Lorenzo Bernini. Das Denkmal wurde 1647 enthüllt. Unter Urban VIII. entstand der Baldachin am Papstaltar; 1626 weihte er die neue Basilika ein. Er regierte in der schwierigen Zeit des Dreißigjährigen Krieges und war sehr um Frieden bemüht. 1633 fand der Prozess gegen Galilei statt, bei dem es um den Konflikt zwischen Glaube und Naturwissenschaft ging. Urban VIII. stammte aus dem Geschlecht der Barberini, deren Wappentier die Biene war.

Im folgenden Durchgang ist (46) das **Grabmal für Papst Clemens X.** (1670–1676) zu sehen. Das Relief zeigt die Öffnung der Heiligen Pforte zum Jubeljahr 1675. Die Seitenfiguren stellen die Milde und die Gutmütigkeit dar.

Nun kommen Sie zu einem weiteren **Petrus-Altar** (47) mit dem Mosaik: **Petrus erweckt die Tabita von den Toten** (Apg 9,36–42).

Gegenüber befinden sich die **Grabstätten der Päpste Sixtus IV.** (1471–1484) und **Julius II.** (1503–1513) aus dem Geschlecht der Della Rovere (48); beide sind seit 1926 hier beigesetzt. Sixtus ist der Erbauer der Sixtinischen Kapelle, Julius gab den Befehl zum Abbruch der alten und zum Bau der neuen Peterskirche. Sein Grabmal sollte – von Michelangelo gestaltet – mitten in der Peterskirche stehen. Was daraus geworden ist, kann man in der Kirche S. Pietro in Vincoli mit der bekannten Statue des Moses bewundern. Hier weist eine einfache Steinplatte im Boden auf diese Päpste hin.

Grabmonument für Urban VIII.

Beim Weitergehen gelangt man in die **Kapelle des hl. Michael.** Links steht der **Altar der hl. Petronilla** (49). Dass sie die Tochter des hl. Petrus gewesen sei, gehört ins Reich der Legende. Das Altarbild zeigt als Mosaik deren Grablegung und Aufnahme in den Himmel und ist ein Werk von Guercino (1623). Das Original hängt im Kapitolinischen Museum. Die Reliquien der Heiligen wurden 1606 in diesem Altar beigesetzt. Früher waren sie in der Petronilla-Kapelle der alten Basilika,

Altarbild im Navicella-Altar von Giovanni Lanfranco

wo bereits 757 eine Jahresmesse der fränkischen Könige gestiftet wurde. Die dort brennende Lampe wird von Frankreich gestiftet. Jeder neue französische Botschafter beim Heiligen Stuhl kommt hierher, wenn er dem Papst sein Beglaubigungsschreiben übergibt. In der früheren Petronilla-Kapelle stand zunächst die Pietà von Michelangelo, eine Auftragsarbeit eines französischen Kardinals für sein Grabmal.

Der **Michaels-Altar** (50) zeigt im Mosaik nach Guido Reni (1575–1642) den Erzengel.

Im nächsten Durchgang befindet sich links (51) der **Navicella-Altar** (1633): Der hl. Petrus wandelt über dem See, aber sein Glaube trägt nicht, er geht unter und ruft: „Herr, hilf mir, ich gehe zu Grunde" (Mt 14,26–33). Das Altarbild ist ein Werk von Giovanni Lanfranco (1582–1647). Eine Frage an den Betrachter: Trägt mein Glaube?

Gegenüber (52) ist das **Grabmal für Papst Clemens XIII.** (1758–1769). In sein Pontifikat fielen die Verfolgungen der Jesuiten in Portugal, Frankreich, Spanien und Sizilien. Der Papst widersetzte sich der verlangten Auflösung des Ordens oder einer Veränderung der Satzungen mit den Worten: „Sint ut sunt, aut non sint! – Sie seien, wie sie sind, oder sie sollen nicht sein". Clemens XIII. gilt als frommer und milder Papst. Das Grabmal fertigte Antonio Canova (1788–1792). Besonders schön sind die lagernden Löwen: Obwohl sie schlafen, sind sie Wächter. Die Statuen symbolisieren die Religion (links) und den Tod (rechts, Todesengel mit gesenkter Fackel). Im Relief seitlich vom Sarkophag sind „Liebe" und „Hoffnung" dargestellt.

Nun öffnet sich das **rechte Querschiff** mit drei Altären. Hier fand das Erste Vatikanische Konzil statt (1869–1870).

Links ist der **Altar des hl. Erasmus** (53). Im Altarbild von Nicolas Poussin (1594–1665) ist das Martyrium des Erasmus dargestellt: Seine Eingeweide werden mit einer Winde herausgezogen.

In der Mitte befindet sich der **Altar der heiligen Processus und Martinianus** (54), deren Reliquien im Porphyr-Sarkophag im Altar enthalten sind. Nach der Legende waren sie römische Offiziere, die Petrus und Paulus während ihrer Haft in Rom bewachten, von ihnen bekehrt und von Petrus getauft wurden. Später seien sie als Märtyrer gestorben. Das Altarbild schuf Le Valetin 1630.

Daneben (55) steht der **Altar des hl. Wenzeslaus** (903–929), Herzog von Böhmen. Er wurde in Altbunzlau von seinem Bruder Boleslav I. ermordet. Sein Leib ruht im Veits-Dom in Prag. Sein Kult kam 1326 in die alte Peterskirche.

Im nächsten Durchgang ist rechts (56) das **Grabmal für Papst Benedikt XIV.** (1740–1758). Er gilt als der gescheiteste aller bis dahin regierenden Päpste; er zeichnete sich aus durch Frömmigkeit, Herzensgüte und Liebenswürdigkeit. In der Papstgeschichte gilt er als „der rechte Papst für eine schwierige Zeit" (Seppelt, S. 265). Während seines Pontifikats wurde der 1762 fertiggestellte Trevi-Brunnen erbaut. Am Denkmal sind die Weisheit mit einer Sonne auf der Brust (links) und die Uneigennützigkeit (rechts) zu sehen. Der Papst hält in der linken Hand eine Tabakdose; die rechte Hand spreizt er, wie um sich von einer „Prise" zu befreien – deshalb wird er auch „Benedetto tabaccone" genannt.

Gegenüber befindet sich der **Altar des hl. Basilius** (57). Das Altarbild zeigt Kaiser Valens und Basilius bei der hl. Messe. Basilius hat den Kaiser vom Arianismus (die Arianer gingen davon aus, dass Christus nicht wesensgleich mit Gott sei) zum römischen Christentum bekehrt. Basilius d. Gr. (330–379) war Erzbischof von Cäsarea, galt als „Säule des Glaubens von Nicäa" und des Widerstands gegen den Arianismus. Durch sein Buch „Asketikon" (Die beiden Mönchsregeln) wurde er zum Vater des ostkirchlichen Mönchtums. Valens war römischer Mit-Kaiser. In der Mensa liegen seit 1949 Reliquien des hl. Josaphat Kuncewic (1580–1623). Der Basilianer-Mönch und Erzbischof von Polozk starb als Märtyrer. Er setzte sich für die Union der ruthenisch-orthodoxen Kirche mit Rom ein. Am 12. November (jetzt sein Fest) wurde er erschlagen.

Weiter führt der Weg in die **Gregorianische Kapelle**. Links steht der **Altar der Madonna von der immerwährenden Hilfe** (58). Das Altarbild stammt aus dem 12. Jh. und bereicherte schon die alte Basilika. Im Altar wurden bis 2004 die Reliquien eines der griechischen Kirchenväter, des hl. Gregor von Nazianz (330–390), aufbewahrt. Er war befreundet mit

Altar mit dem Gnadenbild „Madonna der immerwährenden Hilfe"

dem hl. Basilius, der ihn 372 zum Bischof weihte. Gregor wurde 381 Bischof von Konstantinopel, verzichtete dann auf sein Amt und ging als Schriftsteller in die Einsamkeit. Von ihm sind 244 Briefe, 400 Gedichte und 44 Reden erhalten. Papst Johannes Paul II. hat die Reliquien am 27. November 2004 teilweise nach Byzanz zurückgegeben (siehe Text zu Nr. 22 Chorkapelle).

Rechts vom Madonnen-Altar befindet sich das (59) **Grabmal für Papst Gregor XVI.** (1831–1846). Das Denkmal ist ein Werk von Luigi Amici, 1854, beeinflusst von Canova. Gregor verbot 1839 den Sklavenhandel. Mit neueren Entwicklungen seiner Zeit hatte er manche Probleme. Im Kirchenstaat kam es verschiedentlich zu Aufständen. Sieben Jahre hielten französische und österreichische Truppen Teile des Kirchenstaates besetzt – sie waren vom Papst zur „Beruhigung" gerufen worden. Er wollte kirchliche Vorschriften auch als weltliches Recht durchsetzen. So sollte zum Beispiel derjenige polizeilich belangt werden, der am Freitag Fleisch aß. Dennoch hat er viel für die Missionen getan; 1826 war er Präfekt der Propaganda Fide geworden. Von ihm stammt der Satz: „Es ist leichter, die Sonne zu zerstören als die Kirche" (in seiner Schrift „Triumph des Heiligen Stuhles und der Kirche über die Angriffe der Neuerer", 1799). Gregor XVI. pflegte zwar ein reaktionäres Regierungssystem im Kirchenstaat und war gegen jeglichen Fortschritt (z. B. Eisenbahn, Gasbeleuchtung), aber er förderte Kunst und Wissenschaft, Landwirtschaft und Wasserstraßenbau, belebte Handel und Handwerk und gründete nicht zuletzt das etruskische, christliche und ägyptische Museum in den Vatikanischen Museen.

Am Kuppelpfeiler (60) steht der Altar mit dem Mosaik **„Die letzte Kommunion des hl. Hieronymus"** nach Domenichino (1614). Der sterbende Hieronymus (347–419/420) empfängt in Bethlehem die letzte hl. Kommunion. Seine Lieblingsschülerin und Begleiterin auf seinem Weg von Rom nach Bethlehem, die hl. Paula, küsst ihm die Hand zum Abschied. Hieronymus verdanken wir eine Bibelübersetzung in die lateinische Sprache, die als Vulgata bis heute in Gebrauch ist. Unter der Altarplatte ruht seit Juni 2001 der Leichnam des am 3. September 2000 selig- und am 28. April 2014 heiliggesprochenen Papstes Johannes XXIII. (In der Kapelle der Darstellung Mariens haben wir sein Denkmal gesehen; vgl. (19).) Er berief das Zweite Vatikanische Konzil (1962–1965) ein. Seine beiden Enzykliken „Mater et Magistra (1961) und „Pacem in terris" (1963) gaben der Katholischen Soziallehre wichtige neue Impulse.

Die letzte Kommunion des hl. Hieronymus (Domenichino). Im Altar ruht Johannes XXIII.

Im folgenden Durchgang befindet sich rechts (61) das **Grabmal für Papst Gregor XIII.** (1572–1585). Nach ihm ist der „Gregorianische Kalender" benannt, der 1582 eingeführt wurde. Auf dem Sarkophag ist dieses Ereignis dargestellt. Unter den Gelehrten ist auch der in Bamberg (Deutschland) geborene Jesuit Christoph Clavius, der 20 Jahre in Rom Mathematik und Astronomie lehrte und bei der Kalenderreform maßgeblich mitarbeitete.

Clavius gilt als der erste Leiter der Päpstlichen Sternwarte, die Gregor XIII. zur Vorbereitung der Kalenderreform gründete und Jesuiten anvertraute, die sie bis heute leiten.

Die Sternwarte ist seit 1930 wegen der besseren Sichtverhältnisse in Castel Gandolfo. 1981 wurde die Forschungsabteilung der Sternwarte nach Arizona (USA) an die dortige Universität verlegt. Seit 1993 wird auf dem Mount Graham in 3.000 Meter Höhe ein eigenes Observatorium mit modernster Ausstattung betrieben. Die Sternwarte hat auch die Aufgabe, Theologie, Naturwissenschaften und Philosophie (Kosmologie) zusammenzubringen und dem Dreiklang zu dienen: Forschung – Erkenntnis – Geheimnis.

Eine Folge der Neuberechnung bei der Kalenderreform war, dass 1582 zehn Tage „entfielen". Auf den 4. folgte der 15. Oktober. In dieser „langen" Nacht vom 4./15. Oktober starb die hl. Theresia von Ávila.

Grabmal für Gregor XIII.
Im Relief: Kalenderreform 1582

Gregor XIII. förderte die Kirchenreform, in besonderer Weise die Jesuiten, das Collegium Romanum und das Collegium Germanicum et Hungaricum. Diese Einrichtungen wurden auf Bitten des Papstes von Ignatius von Loyola zur Verbesserung der Priesterausbildung gegründet. Die älteste päpstliche Universität trägt bis heute seinen Namen: „Gregoriana“. Er gab den Auftrag für das Martyrologium Romanum (Verzeichnis aller Märtyrer) und ließ den Quirinals-Palast, den späteren Sommersitz der Päpste und heutigen Sitz des italienischen Staatspräsidenten, errichten. Zur Vorbereitung des Heiligen Jahres 1575 veranlasste Gregor XIII. ein großes Bauprogramm. Mit einer eigenen Bulle fasste er 22 Bauvorschriften zusammen zur ersten modernen Bauordnung für Rom. Sein Nachfolger Sixtus V. (1585–1590) konnte auf diesem Programm aufbauen und trotz des kurzen Pontifikats Rom städtebaulich erheblich erneuern und umgestalten.

In die Regierungszeit Gregors XIII. fiel die Pariser „Bartholomäus-Nacht“ (23./24.8.1572), bei der viele Hugenotten zu Tode kamen; nicht deswegen aber ließ der Papst in St. Peter ein „Te Deum“ singen, sondern weil der französische König die Unruhen überlebte.

Altar der Sakramentskapelle

Gegenüber (62) sieht man das schlichte **Denkmal für Papst Gregor XIV.** (1590–1591). Er war nur zehn Monate im Amt. Die Statuen stellen die Religion (links) und die Gerechtigkeit (rechts) dar. Eine Legende erklärt die Bescheidenheit des Denkmals: Um sein Leben zu verlängern, soll der kränkelnde Papst Goldstaub und zerstoßene Edelsteine im Wert von 15.000 Scudi gegessen und damit die päpstliche Kasse erschöpft haben. Deshalb sei für ein größeres Denkmal kein Geld mehr vorhanden gewesen.

Linker Hand kommt man zum Eingang in die **Sakramentskapelle** (63), die nur stillen Betern zugänglich ist. Dort ist tagsüber das Allerheiligste ausgesetzt. Alle Besucher sind herzlich eingeladen, in der Stille zu beten. Die Kapelle ist reich mit vergoldetem Stuck ausgestattet. Das Gitter am Eingang und die Portale beiderseits des Hauptaltars gestaltete Francesco Borromini (1590–1667). Der Tabernakel – ein Werk Berninis (1598–1680) – mit den Statuetten der zwölf Apostel ist eine verkleinerte Nachbildung der Rundkirche

Hl. Theresia von Ávila

Hl. Philipp Neri

S. Pietro in Montorio, die Bramante 1502–1507 auf dem Gianicolo baute. Auf der Kuppel des Baldachins steht Christus der Auferstandene mit Fahne. Die anbetenden Engel aus Bronze schuf Gian Lorenzo Bernini.

Das Altarbild „Die Heilige Dreifaltigkeit" stammt von Pietro da Cortona (1628–1631). Es ist das einzige Original in St. Peter. Alle anderen Bilder sind – wie schon erwähnt – Nachbildungen in Mosaik.

An der rechten Wand ist ein Seitenaltar mit zwei gewundenen Weinlaubsäulen aus der alten Basilika. Unschwer erkennt man die Säulen als Vorbild für den Baldachin unter der Kuppel der Basilika. Das Altarbild zeigt die Stigmatisierung des hl. Franz von Assisi.

Versäumen Sie nicht, sich jetzt oder am Schluss des Rundgangs in der Basilika für eine kurze Besinnung in der Sakramentskapelle Zeit zu nehmen.

Im folgenden Durchgang rechts (64) steht das **Grabmal für die Markgräfin Mathilde von Tuszien** († 1115). Die große Statue der Markgräfin mit einer Tiara in der Hand – ein Werk von Bernini – prägt das Monument. Im Relief des Sarkophags ist der Gang Kaiser Heinrichs IV. nach Canossa dargestellt (1077). Der Kaiser suchte von Papst Gregor VII., der sich auf der Burg der Markgräfin aufhielt, die Befreiung vom Bann zu erreichen. Da Mathilde keine Erben hatte, vermachte sie ihre Güter der Kirche. 1635 veranlasste Urban VIII. die Übertragung ihres Leichnams in die Peterskirche.

Gegenüber (65) befindet sich das **Grabmal für Papst Innozenz XII.** (1691–1700). Er verbot den Nepotismus, schränkte den Ämterkauf ein und betrieb eine sparsame Finanzpolitik im Kirchenstaat.

Die nächste **Kapelle** ist dem **hl. Sebastian** geweiht (66). Im Altarbild – ein Mosaik nach Domenichino (1738) – wird das Martyrium des Heiligen dargestellt. Im Altar ruhte bis 2011 der Leichnam des seligen Papstes Innozenz XI. (siehe 25). Nach der Seligsprechung (1. Mai 2011) wurde der Leichnam des Papstes Johannes Paul II. (1978–2005) aus seinem Grab in der Unterkirche *(17)* entnommen und hier beigesetzt. Am 28. April 2014 erfolgte seine Heiligsprechung.

Johannes Paul II. hat unermüdlich seine Kraft für die Evangelisierung der Welt eingesetzt. Über 100 Pastoralreisen führten ihn in alle Erdteile. Dass der Eiserne Vorhang in Europa gefallen ist, dürfen wir in erster Linie ihm verdanken. In vielen Enzykliken hat er den Menschen von heute Orientierung vermittelt. Seine Rundschreiben zu sozialen Fragen („Laborem exercens" 1981, „Sollicitudo rei socialis" 1987, „Centesimus annus" 1991) sind wichtige Dokumente und Hilfen zur Gestaltung der Gesellschaft und der Arbeitswelt. In der Zeit seiner schweren Krankheit gab er ein Beispiel, das vielen Kraft gegeben hat. Sein Tod hat die ganze Welt bewegt.

Altar des hl. Sebastian, Altarbild von Domenichino. Im Altar ruht Johannes Paul II.

Rechts vom Sebastians-Altar ist (67) das **Denkmal für Papst Pius XI.** (1922–1939) von Francesco Nagni (1964). Pius XI. ist der Papst der Katholischen Aktion, durch die er die Arbeit der Laien für das Reich Gottes förderte. Zur Entwicklung in Deutschland verfasste er 1937 die Enzyklika „Mit brennender Sorge", in der er mit aller Deutlichkeit Inhalte und Gefahren des Nationalsozialismus anprangerte. An der Enzyklika arbeiteten maßgeblich mit Kardinalstaatssekretär Eugenio Pacelli (später Papst Pius XII.) sowie der 2005 seliggesprochene Bischof Clemens August von Galen (Münster) und Kardinal Michael von Faulhaber (München). Pius XI. regelte mit den Lateranverträgen (1929) das Verhältnis zwischen Vatikan und dem italienischen Staat nach Wegnahme des Kirchenstaates (1870). Der Vatikan wurde ein eigenes Staatsgebiet mit einer Fläche von 44 ha in Rom (Vatikan) und 55 ha in Castel Gandolfo. Dazu kamen später noch über 400 ha im Norden von Rom, wo in Santa Maria di Galeria Radio Vatikan seine Sender stehen hat, und verschiedene Gebäude in Rom, die exterritorial sind, also nicht zum italienischen, sondern zum vatikanischen Staatsgebiet gehören. Der italienische Staat zahlte außerdem eine Abfindung. Das „Miteinander" wurde dadurch auf eine neue Grundlage gestellt. Während seines Pontifikats wurde Radio Vatikan eröffnet (1931). Außerdem förderte der Papst die Missionen mit einheimischem Klerus. 1926

Grabmal für Mathilde von Tuszien. Relief: Canossa 1077

weihte er chinesische Bischöfe. 1931 gab Pius XI. mit der Enzyklika „Quadragesimo anno" der Katholischen Soziallehre neue Impulse. 1932 eröffnete er das Gebäude der Pinakothek in den Vatikanischen Museen.

Gegenüber steht (68) das **Denkmal für Papst Pius XII.** (1939–1958). Unermüdlich setzte er sich schon als Kardinalstaatssekretär für den Frieden und die Milderung der Kriegsfolgen ein. Viele Verfolgte aller Religionen und Nationen wurden im Vatikan und in römischen Klöstern vor den Nazis in Sicherheit gebracht. Führende jüdische Persönlichkeiten dankten diesem Papst nach Beendigung des Zweiten Weltkrieges für die Rettung von Tausenden von Juden.

Pius XII. kannte Deutschland sehr gut. Er war als Apostolischer Nuntius von 1917 bis 1929 zunächst in München, später in Berlin. Er sprach fließend Deutsch und engagierte sich nach dem Zweiten Weltkrieg, um Deutschland wieder einen Platz in der Völkergemeinschaft zu schaffen. Die „Kollektivschuld" lehnte er ab; damit leistete er einen wichtigen Dienst für die Versöhnung der Völker nach dem Zweiten Weltkrieg. Pius XII. ist in den Dokumenten des Zweiten Vatikanischen Konzils der meistzitierte Papst. Dies zeigt, dass Pius XII. ein in die Zukunft weisender Lehrer der Kirche war. Seinem Wirken verdanken wir 40 Enzykliken und Hunderte von Reden, Ansprachen und Schreiben zu den unterschiedlichsten Fragen der Zeit.

Denkmal für Pius XII.

Die Bronzestatue ist ein Werk von Francesco Messina (1964); das Denkmal stifteten die von Pius XII. ernannten Kardinäle.

Im nächsten Durchgang kommen Sie zum (69) **Denkmal für Christine von Schweden** (1626–1689). Ihr Grab ist in der Unterkirche. Als Tochter Gustav Adolfs wurde sie nach dessen Tod bereits im Alter von sechs Jahren Königin von Schweden. Ihre Bemühungen galten der Befriedung Europas. In ihre Regierungszeit fällt der Westfälische Frieden (1648). Sie sprach mehrere Sprachen und war umfassend gebildet. 1654 dankte sie ab und konvertierte 1655 in Innsbruck zum katholischen Bekenntnis (Relief am Sarkophag). In Rom war sie als „lebendige Trophäe der Gegenreformation" sehr willkommen. Papst Alexander VII. bereitete ihr einen großen Empfang. Nach verschiedenen Quartieren in Rom (Palazzo Farnese, Palazzo Mazarin am Quirinal) fand sie bis zu ihrem Tod für sich und ihre nicht gerade bescheidene „Hofhaltung" Platz im Palazzo Corsini in Trastevere, wo man bis heute ihre Wohnräume und ihr Sterbezimmer besichtigen kann. Noch auf dem Sterbebett bat sie den Papst Innozenz XI. um Verzeihung, falls sie ihn durch ihre lebhafte Art, ihre häufigen Geldforderungen oder durch unpassende Ausdrücke belastet haben sollte. Das Denkmal schuf Carlo Fontana (1700) gemeinsam mit anderen Künstlern.

Von ihrem Temperament gibt folgende Geschichte Zeugnis: Als sie einmal mit einem römischen Granden auf der Engelsburg spazierte und von ihren Schießkünsten erzählte, fand sie bei ihrem Gesprächspartner wenig Glauben. Daraufhin ließ sie ein Geschütz auffahren und laden; persönlich zielte sie auf die Villa Medici – und traf das Bronzetor. Noch heute kann man die Delle sehen, die das Geschoss verursacht hat, und vor der Villa erinnert ein Brunnen mit einer Kugel oben an dieses Geschehnis.

Gegenüber (70) ist das **Grabmal für Papst Leo XII.** (1823–1829). Der Papst steht auf der Sedia Gestatoria, einem Tragestuhl, auf dem die Päpste früher zum Beispiel in St. Peter hereingetragen wurden. Johannes Paul II. hat dies abgeschafft. Die Statuen stellen die Religion (links) und die Gerechtigkeit (rechts) dar. Auch wenn Leo XII. den Kirchenstaat nach absolutistischen Grundsätzen leitete, war er doch um Ausgleich mit anderen Staaten bemüht (siehe auch (39)). Das Grabmal schuf 1836 Giuseppe De Fabris.

Dahinter befindet sich die – meist geschlossene – **Kreuzkapelle** (71). Das Altarkreuz dieser Kapelle wird Pietro Cavallini (1250–1330) zugeschrieben. In der Kapelle ist ein Lift eingebaut, der vom Papst als Verbindung zum Vatikan benutzt wird.

Die nächste **Kapelle** (72) birgt **mit der Pietà** von Michelangelo (1499) eine besondere Kostbarkeit. Die Plastik wurde vom französischen Kardinal Jean de Bilhères de Lagraulas für sein Grabmal in der damaligen Petronilla-Kapelle der alten Basilika bestellt (siehe (49)). Da die Autorschaft des jungen Bildhauers – Michelangelo war 25! – bezweifelt wurde, signierte Michelangelo das Bildnis als einziges seiner Werke. Auf dem Band, das schräg über die Brust der Madonna verläuft, steht: „Michael Angelus Bonarotus Florent. Faciebat – Michelangelo aus Florenz hat dies gemacht". Seit 1749 steht die Pietà an diesem Platz. Das mädchenhafte Aussehen der Muttergottes wird auf die Immaculata gedeutet (Maria wurde von der Erbsünde ausgenommen). Das Antlitz von Maria strahlt Ergebenheit aus, ein Hinnehmen des Schmerzes, den ihr der Tod Jesu verursacht. Sie zeigt allen Menschen den Erlöser: ein Bild des Trostes für alle Leid Tragenden.

Pietà von Michelangelo

1972 wurde die Pietà durch einen Geisteskranken mit Hammerschlägen schwer beschädigt. Die Renovierung war möglich, weil eine originalgetreue Kopie der Pietà in der Schatzkammer der Peterskirche vorhanden ist, nach der man die Silikonabgüsse der beschädigten Teile anfertigen konnte. Diese Kopie wurde von Francesco Mercatali 1933/34 gefertigt. Als man 1973 die Pietà wieder an ihren Platz stellte, brachte man zum Schutz eine Scheibe aus Panzerglas vor dem Standbild an.

Rechts vom Pietà-Altar fällt der Blick auf die **Innenseite der Heiligen Pforte** der Basilika (73). Darüber sieht man ein **Mosaik des hl. Petrus**, das Ciro Ferri (1674) zugeschrieben wird.

Damit ist der Rundgang durch die Seiten- und Querschiffe zu Ende. Gehen Sie nun durch das Hauptschiff in Richtung Papst-Altar. Das **Mittelschiff** war Tagungsort des Zweiten Vatikanischen Konzils mit etwa 3.000 Teilnehmern, die auf besonders aufgestellten Tribünen mit Blick in die Mitte des Kirchenschiffes gesessen sind. Die Leitung der Vollversammlungen hatten ab der zweiten Sitzungsperiode (September 1963) vier Moderatoren: die Kardinäle Bernard Alfrink (Utrecht), Julius Döpfner (München), Giacomo Lercaro (Bologna) und Léon-Joseph Suenens (Mecheln-Brüssel).

Im Boden des Hauptschiffes sind die **Längenmaße verschiedener großer Kirchen** angegeben. Darunter finden sich die Londoner St. Paul's Cathedral, der Dom von Florenz, der Kölner Dom und St. Paul vor den Mauern (Rom). Die Namen aller Kirchen, deren Längenmaße hier aufgeführt sind, finden Sie in Kapitel 11.5.

Am vordersten rechten Pfeiler des Hauptschiffes (74) befindet sich die **Bronzestatue des hl. Petrus**. Sie gilt als ein Werk des Arnolfo di Cambio (13. Jh.). An hohen Festtagen wird die Statue mit Pontifikalgewändern bekleidet. Durch verehrende Berührungen weist die Statue am rechten Fuß Spuren der Abnützung auf. Die beiden Leuchter (rechts Petrus-, links Paulus-Leuchter) ließ Paul VI. (1963–1978) aufstellen (1971). Sie sind ein Werk von Egidio Giaroli und zeigen Begebenheiten aus dem Leben der beiden Apostel.

Über dem Baldachin oberhalb der Petrus-Statue sieht man ein **Mosaikbild des Papstes Pius IX.** (1846–1878). Als Pius IX. nach seiner Wahl von St. Peter Besitz ergriff, trat ihm – wie im damaligen Ritual vorgesehen – ein Kardinal mit brennendem Werg und den Worten „Sic transit gloria mundi – So vergeht der Ruhm der Welt" entgegen. Des Weiteren sprach der Kardinal „Non videbis annos Petri – Die Jahre des Petrus wirst du nicht sehen", worauf Pius IX. geantwortet haben soll: „Non est dogma – Das ist kein Dogma". Tatsächlich übertraf er mit seinem 32 Jahre währenden Pontifikat als erster Papst die Amtszeit des Petrus, der 25 Jahre Bischof von Rom gewesen sein soll. Zur

Erinnerung daran wurde über der Petrus-Statue das Mosaik-Medaillon angebracht. Übrigens: Auch der Nachfolger Pius' IX., Leo XIII., regierte 25 Jahre (1878–1903). Johannes Paul II. (1978–2005) war über 26 Jahre Papst.

Nun tut sich ein gewaltiger **Blick in die Kuppel** des Michelangelo auf. Die Mosaiken schuf Cavalier d'Arpino (1568–1640). Die Proportionen erschließen sich, wenn man einige Maße nennt. Die Figuren in den Pfeilern (Veronika mit dem Schweißtuch, Helena mit dem Kreuz, Longinus mit der Lanze, Andreas mit dem Kreuz) sind fünf Meter hoch. Die Mosaikbilder der vier Evangelisten haben einen Durchmesser von achteinhalb Metern; die Feder des Matthäus misst eineinhalb Meter. Der Baldachin ist fast 29 Meter hoch.

Die Kuppel wurde unter der Leitung von Giacomo della Porta und Domenico Fontana innerhalb von 22 Monaten in Schichtarbeit hochgezogen. 800 Arbeiter waren daran beteiligt. Die Arbeiten wurden so schnell vorangetrieben, weil Papst Sixtus V. „vom heiligen Baueifer ergriffen" und sehr ungeduldig war.

Auf den vier Pfeilern lastet die Kuppel mit etwa 56.000 Tonnen. Innen ist die Kuppel (einschl. Laterne) 120 m hoch. Die Laterne ist 16,6 m hoch. Das untere Gesims liegt 53 m über dem Fußboden. Der Durchmesser der Kuppel beträgt innen 42,5 m (Pantheon 43,2 m). Der Umfang eines Kuppelpfeilers misst 71 m. Mit dem Maß eines Pfeilers erbaute Francesco Borromini die Kirche San Carlo alle Quattro Fontane in der Nähe des Quirinals.

Die hochverehrte Statue des hl. Petrus

Papst Urban VIII. widmete den Kuppelraum der Aufbewahrung und Verherrlichung der vier Hauptreliquien der Basilika: Lanze des Longinus – **Statue des hl. Longinus** (75) von Gian Lorenzo Bernini (1639); Kreuzpartikel – **Statue der hl. Helena** (76) von Andrea Bolgi (1639); Schweißtuch der Veronika – **Statue der hl. Veronika** (77) von Francesco Mochi

(1640); Haupt des hl. Andreas – **Statue des hl. Andreas** (78) von François Duquesnoy (1640). Papst Paul VI. gab im Jahre 1964 das Haupt des hl. Andreas an die griechisch-orthodoxe Kirche nach Patras zurück; die feierliche Übergabe der Reliquie erfolgte durch den deutschen Kurienkardinal Augustin Bea SJ (1881–1968). Unter jedem Pfeiler befindet sich in der Unterkirche eine kleine Kapelle, die dem Heiligen des jeweiligen Pfeilers geweiht ist.

Von den an den Pfeilern befindlichen Loggien wurden die Reliquien zu bestimmten Anlässen dem Volk gezeigt. Die Säulen an den Loggientüren stammen aus konstantinischer Zeit. Sie umsäumten ursprünglich das Grab des hl. Petrus. Solche gewundene Säulen sollen im Tempel des Königs Salomon gestanden haben. So verbindet sich in St. Peter Altes und Neues Testament.

Der Gesamtentwurf für die Ausstattung des Kuppelraums ist ein Werk von Gian Lorenzo Bernini. Bei der Ausführung waren zahlreiche Künstler beteiligt.

Der **Hochaltar** (79) ist dem Papst oder einem von ihm Delegierten zur Feier der hl. Messe vorbehalten. Der Marmorblock stammt aus dem Nerva-Forum (neben Augustus-Forum an der Via dei Fori Imperiali). Der Altar wurde 1594 geweiht. Aus statischen Gründen stehen Altar und Baldachin nicht unter dem Scheitel der Kuppel.

Blick in die Kuppel

Den **Baldachin** (80) gestaltete Bernini zusammen mit Borromini im Auftrag des Barberini-Papstes Urban VIII. Die erforderliche Bronze (93 t) entnahm man im Auftrag des Papstes überwiegend aus dem Gebälk der Vorhalle des Pantheon. Die Römer kommentierten dies mit dem Ausspruch: „Quod non fecerunt barberi, fecerunt Barberini – Was die Barbaren nicht getan haben, taten die Barberini!" Die mit Olivenzweigen geschmückten gewundenen Säulen mindern die optische Wucht des Baldachins und bringen eine gewisse Eleganz in den Raum. Die statische Ausführung des Vorhabens war sehr schwierig. Bernini war kein guter Rechner, weshalb Borromini zugezogen wurde – ein Umstand, den Bernini später verschwieg und einen Teil des Honorars für Borrominis Berechnungen selbst einsteckte. Der Aufbau wurde 1635 fertiggestellt. An den Säulen findet sich mit zahlreichen Bienen das Wappentier des Barberini-Papstes Urban VIII. An den Grundpfeilern sind weibliche Masken angebracht, deren Mimik – vom Schmerz zur Freude – eine Geburt widerspiegeln sollen. Ob sich dies auf eine Nichte des Papstes bezog, ist ungewiss. Am Postament der hinteren linken Säule sieht man einen eingegossenen Rosenkranz – hat ihn der Gießer bei seiner schweren Arbeit gebetet und vergessen?

S. 60/61: Die Mitte der Basilika: Papstaltar über dem Petrusgrab – „Confessio". Statuen: rechts hl. Helena (mit Kreuz), links hl. Veronika (mit Schweißtuch)

NA FIDES
AGNOS ET OV
NNO VII PIVS

MVNDO

Blick aus der Kuppel auf Baldachin, Papstaltar und Confessio

Die Windungen der Säulen des Baldachins verleihen diesem Bauwerk eine Leichtigkeit und Eleganz, die man als „architektonisches Ballett zur Ehre Gottes" bezeichnen könnte.

Die **Confessio** (81) führte Carlo Maderno aus; sie wurde 1617 fertig. Sie ist mit besonders kostbarem Marmor ausgestattet. Die Vertiefung führt hinunter auf das Niveau der alten Basilika. An der Balustrade brennen tagsüber 92 Öllampen. Die früher hier angebrachten 122 Silberlampen mussten 1797 zur Erfüllung des Friedensvertrags von Tolentino eingeschmolzen werden. Die Confessio ist in den letzten Jahren umgestaltet worden. Die Statue des knienden Papstes Pius VI. wurde herausgenommen; sie steht jetzt in der Unterkirche an der Ostwand *(24 a)*.

Damit ist der Rundgang durch die Basilika zu Ende. Nun schließt sich der **Besuch der Unterkirche** (Grotten) an.

5. Rundgang durch die Unterkirche

Der Zugang erfolgt über die Treppen am Longinus-Pfeiler (75) oder am Andreas-Pfeiler (78). Da immer mehr Menschen die Grotten mit den Papstgräbern besuchen wollen, wurde ein weiterer Zugang vor einigen Jahren nach außen an die Nordseite der Basilika verlegt (beim Aufzug zur Kuppel). Sie erreichen diesen Zugang vom Petersplatz aus; besondere Hinweise in der Vorhalle der Basilika helfen Ihnen, den Weg zu finden. Wenn Sie die Unterkirche durch diesen neuen Eingang betreten, beginnen Sie den Rundgang mit Nr. *33*. Nach dem Besuch der Grotten verlässt man dann die Unterkirche an der Südseite der Basilika.

Die Unterkirche liegt auf dem Niveau der alten Basilika. Zwischen 1935 und 1950 wurden die Grotten zur „Unterkirche" ausgebaut. Sie vereinigt die „Alten" und „Neuen" Grotten. Der hier skizzierte Rundgang ist umfangreich; ein Besuch der „Papstgräber" beschränkt sich meist auf das Petrus-Grab und die Gräber einzelner Päpste (z. B. Pius XII., Benedikt XVI.). Wegen der zahlreichen Besucher wurde der allgemein zugängliche Teil sehr verkleinert. Der hier aufgezeigte Rundgang behält aber die Reihenfolge bei, die sich vom ursprünglichen Zugang aus der Basilika her ergibt, denn der zugängliche Teil der Unterkirche wird – je nach Besucherzahl – öfter verändert.

Beim Eingang an der Nordseite befinden sich im Untergeschoss Toiletten (mit Aufzug für Behinderte). Auf dem kleinen Platz neben der Basilika steht ein Brunnen mit Trinkwasser. Rechter Hand auf dem Weg Richtung Unterkirche bzw. Aufzug zur Kuppel ist ein Devotionaliengeschäft. Die (neue) Treppe über dem Devotionaliengeschäft ist der Ausgang von der Sixtinischen Kapelle zum Petersplatz; der Eingang zur Sixtina erfolgt über die Vatikanischen Museen.

Geht man am Longinus-Pfeiler in die Unterkirche, kommt man zunächst zur **Longinus-Kapelle** *(1)*, eine der vier **„Pfeiler-Kapellen"**, in denen ein recht schmaler, mit Fresken geschmückter Gang zu einem Altar führt. Die genannten Fresken wie auch das Altarbild beziehen sich auf die jeweilige „Pfeiler-Reliquie". Die „Pfeiler-Kapellen" und die anderen Kapellen am halbrunden Gang um das Petrus-Grab, die sich nach rechts öffnen, sind mit Gittern verschlossen, die nur für Gottesdienste in den Kapellen geöffnet werden. Der halbrunde Gang führt um das Petrus-Grab und mündet auf der anderen Seite wieder in den Grotten.

Die zweite Kapelle *(2)* ist die **Kapelle der Patrone Europas** (Benedikt, Cyrillus und Methodius). Dort ist eine thronende Madonna mit Engeln zu sehen. Das Bild stammt von der „Pforte des Gerichts" der alten Basilika und wird der Schule des Jacopo Torriti (13. Jh.) zugeschrieben.

In der **Polnischen Kapelle** *(3)* befindet sich seit 1958 ein Mosaik der Schwarzen Madonna, des Gnadenbildes von Tschenstochau.

Die **Irische Kapelle** *(4)* zeigt das Bild des heiligen irischen Mönchs Kolumban (543–625).

Dann kommt die **Pfeiler-Kapelle der hl. Helena** mit einem Bronze-Kreuz am Altar.

An der rechten Wand des Rundgangs stehen in Nischen Statuen der Apostel (teilweise sind die Nischen leer). Die Statuen befanden sich früher am Baldachin, den Sixtus IV. über dem Hochaltar der alten Basilika anbringen ließ, der aber später wieder entfernt wurde. Sie werden folgenden Künstlern zugeschrieben: Matteo del Pollaiolo, Giovanni Dalmata und Mino da Fiesole (15. Jh.). An der linken Wand ist eine Darstellung des von zwei Engeln getragenen Hauptes des hl. Andreas zu sehen. Dieses Relief wird Isaia da Pisa zugeschrieben (1463).

Nach links öffnet sich – direkt unter dem Papstaltar – die **Petrus-Kapelle** *(5)*. Da sie unter Clemens VIII. (1592–1605) reich ausgeschmückt worden ist, hat man sie früher als Clementinische Kapelle bezeichnet. Über dem Altartisch ist durch ein Gitter eine rote Platte sichtbar. Ganz in der Nähe wurde während der in den Jahren 1940 bis 1950 unter St. Peter durchgeführten Ausgrabungen ein Gräberfeld mit einer besonderen Grabstätte gefunden, von der man begründet annehmen kann, dass es sich dabei um das Grab des hl. Petrus handelt.

Pius XII. sagte in einer Radioansprache am 24.12.1950 zum Ergebnis der Arbeiten: „Hat man das Grab des hl. Petrus gefunden? Auf diese Frage antwortet das Ergebnis der Arbeiten und Untersuchungen mit einem eindeutigen Ja. Das Grab des Apostelfürsten ist gefunden ... Eine zweite, der ersten untergeordnete Frage betrifft die Reliquien des Heiligen. Wurden auch sie gefunden? Am Rande des Grabes fand man menschliche Knochenreste. Doch kann man nicht mit Sicherheit nachweisen, dass sie der sterblichen Hülle des Apostels angehört hätten" (Fink, S. 22).

Petruskapelle; hinter dem Altar liegt das Petrusgrab

Benedikt XVI. am Grab von Pius XII.

An den Ausgrabungen waren u. a. die Architekten von St. Peter, Pietro Enrico Galeazzi und Giuseppe Nicolosi, und der Jesuit P. Engelbert Kirschbaum beteiligt. Die Leitung der Ausgrabungen übertrug Pius XII. dem Ökonomen der Fabbrica di San Pietro, Prälat Ludwig Kaas aus Trier (Deutschland).

Die Ausgrabungsstätten („Scavi") kann man nach Voranmeldung und nur mit Führung (Dauer etwa eine Stunde) besuchen. Der Eingang ist an der Südseite der Basilika unter dem Verbindungsgang zwischen Basilika und Sakristei. Nähere Informationen über die Scavi finden Sie in Kapitel 7.

Gegenüber der Petrus-Kapelle befindet sich *(6)* das **Grab von Papst Pius XII.** (1939–1958). Er hat die Grabungen in St. Peter veranlasst. An der Wand ist ein Fresko aus der Schule von Perugino, das die Madonna mit Kind zeigt (15. Jh.); hingewiesen sei hier auf das zu diesem Papst beim Rundgang in der Basilika unter Nr. 69 Gesagte.

Gehen Sie weiter, dann öffnet sich die **Pfeiler-Kapelle der hl. Veronika**.

Nun folgt die **Kapelle „S. Maria Bocciata"** *(7)*; auf dem Altar sieht man ein Fresko mit einer Madonna mit Kind von Pietro Cavallini (13. Jh.) aus der alten Basilika. Seitlich in dieser Kapelle ist das Grab des früheren Kardinals von Prag Josef Beran († 1969 in Rom), der zunächst unter den Nazis – er war im KZ Dachau –, später unter den Kommunisten verfolgt wurde. Paul VI. hat ihn im Rahmen der neuen Ostpolitik des Vatikans dazu bewogen, nach Rom zu kommen.

An der der Kapelle gegenüberliegenden Wand ist ein Steinkreuz angebracht. Es bekrönte ursprünglich die Fassade der alten Basilika.

Es folgt die **Kapelle der „Madonna delle febbri – Madonna des Fiebers"** *(8)* mit einem Fresko aus dem 14. Jh. sowie einem Mosaik, das die thronende Madonna mit Kind und zwei Betenden – vielleicht Konstantin und Helena – zeigt; seitlich sind zwei Reliefs aus dem 15. Jh. angebracht (hl. Bartholomäus und hl. Johannes). Der Name dieses Marienbildes rührt daher, dass man vor diesem Bild um Schutz und Heilung bei Malaria und anderen fiebrigen Erkrankungen gebetet hat.

Dann passiert man die **Pfeiler-Kapelle des hl. Andreas**.

Beim Weitergehen gelangt man in die „Alten Grotten", die unter Pius XII. umgestaltet wurden. Links befindet sich das **Grab des Papstes Benedikt XII.** (1334–1342) *(9)*. Er war Zisterzienser und begann mit dem Bau des Papstpalastes in Avignon, wo teilweise die typische Architektur der Zisterzienser noch heute erkennbar ist. Am Altar ist ein Tabernakel mit zwei Engeln zu sehen (15. Jh.).

Anmerkung: Das linke Seitenschiff ist fast nie bis zum Grab Ottos II. zugänglich. Dennoch wird hier auf die dort liegenden Gräber hingewiesen. Falls der Zugang versperrt ist, gehen Sie vom Grabmal für Pius XI. zur Confessio.

Rechts in einer Nische *(10)* steht der **Sarkophag von Papst Pius XI.** († 1939). Die Inschrift darüber nennt seinen Wahlspruch: „Pax Christi in regno Christi – Der Friede Christi im Reich Christi" (siehe das zu Nr. 68 Gesagte).

Daneben *(11)* sieht man das **Grab für Kardinal Merry del Val** († 1930). Er wurde im Alter von 38 Jahren unter Pius X. Kardinalstaatssekretär und war ungewöhnlich sprachbegabt – er beherrschte 50 Sprachen.

Auf einem **Steinsarg** in der nächsten Nische *(12)* liegt eine eiserne Krone: Hier ruhen **die letzten Stuarts**: Jakob III. Stuart mit seinen beiden Söhnen (siehe Nr. 14).

Weiter hinten *(13)* befindet sich das **Grab für den bisher einzigen englischen Papst Hadrian IV.** (1154–1159). Der Deckel des besonders schönen Sarkophags ist aus rotem Granit und stammt aus dem 3. Jh. Als Kind bettelte er, als Papst krönte er Friedrich Barbarossa am 18. Juni 1155 zum römischen Kaiser.

Daneben *(14)* ist das **Grab für Papst Gregor V.**, den Neffen des Kaisers Otto II. (996–999). Der frühchristliche Sarkophag mit sieben Darstellungen der Heiligen Petrus und Paulus stammt aus dem 4. Jh. Der ins 10. Jh. datierte Stein trägt eine Inschrift, die als frühestes Zeugnis des Vulgär-Italienisch gilt. Gregor V. ist der erste Papst aus Deutschland. Einschließlich Benedikt XVI. gibt es bisher neun deutsche Päpste.

Am Ende des Seitenschiffes sieht man ein Mosaik *(15 a)* aus dem 10. Jh. Es zeigt Christus zwischen Petrus und Paulus.

An der Innenwand dieses Grottenteils *(15)* ist sowohl das **Grab von Papst Julius III.** (1550–1555) – er baute die Villa Giulia, heute das größte Etrusker-Museum der Welt – als auch das **Grab für Kaiser Otto II.** (973–983), der in Rom gestorben ist. Dessen ursprünglicher Sarkophag dient jetzt in der Taufkapelle der Basilika als Taufbecken. Über seinem jetzigen Grab

Gang um das Petrusgrab

wurde ein Mosaik mit den Apostelfürsten Petrus und Paulus angebracht.

Im Fußboden ist die Grabplatte für Prälat Ludwig Kaas aus Trier († 1952) eingelassen, der sich als Ökonom der Fabbrica di San Pietro um den Ausbau der Unterkirche und um die Ausgrabungen unter St. Peter verdient gemacht hat.

So viel zur Information über die Grabmäler im linken Seitenschiff der Grotten.

Von der Mitte der Unterkirche aus haben Sie einen guten **Blick in die Confessio.** Am Eingangsbogen stehen zwei Engel von Arnolfo di Cambio (1245–1302). Sie schmückten früher das Grabmal für Bonifaz VIII. (siehe *(23)*). Zwei steinerne Löwen bewachen diese heilige Stätte. Oben sieht man die Inschrift: „Sepulcrum Sancti Petri Apostoli – Grab des heiligen Apostels Petrus".

In der mit einem Christus-Mosaik ausgestatteten zentralen Nische unter dem Papstaltar werden in einem viereckigen Behältnis die Pallien aufbewahrt. Das **Behältnis für die Pallien** stiftete Benedikt XIV. (1740–1758). Das Pallium ist ein liturgisches Kleidungsstück, welches der

Papst und die Metropolitanbischöfe als Zeichen ihrer herausgehobenen Bischofswürde um den Hals tragen. Pallien werden aus der Wolle von jenen Lämmern hergestellt, die am Fest der hl. Agnes (21. Januar) geweiht werden.

Da die Pallien am Grab des hl. Petrus aufbewahrt werden, gelten sie als „Berührungs-Reliquien". Das Pallium wird den neu ernannten Metropolitanbischöfen vom Papst verliehen, die als Metropoliten einer Kirchenprovinz vorstehen. Der Papst trägt ein besonderes Pallium, mit dem er bei der Einführung in sein Amt bekleidet wird.

Papst Benedikt XVI. hat zu Beginn seiner Einführung in das Amt am 24. April 2005 von dort sein Pallium und den Fischerring in feierlicher Prozession abgeholt und damit ausgedrückt, dass er sein Amt als Nachfolge des hl. Petrus sieht.

Der **Altarraum vor der Confessio** wurde in den letzten Jahren mit Altar, Ambo und Sedilien in weißem Marmor modern gestaltet. Hier können auch Gottesdienste gefeiert werden. An der Rückwand der Unterkirche ist die von Canova gefertigte Statue des Papstes Pius VI. zu sehen *(24 a)*.

Blick in die Kapelle S. Maria Bocciata

Grabmal für Kaiser Otto II.

Papstes Eugen IV. (1431–1447) und seines Neffen, des Kardinals Pietro Barbo, des späteren Papstes Paul II. (1464–1471) in betender Haltung.

In der Nische links daneben *(17)* war die Grabstätte für die Päpste Johannes XXIII. und Johannes Paul II., ehe sie nach ihrer Seligsprechung in der Basilika zur Ehre der Altäre erhoben wurden. Johannes XXIII. ruht jetzt im Altar mit dem Bild „Die letzte Kommunion des hl. Hieronymus" (60) und Johannes Paul II. liegt im Altar der Sebastianskapelle (66). Seit dem 5. Januar 2023 ruht hier **Papst Benedikt XVI**. Das Relief über dem Grab zeigt eine Madonna mit Kind und zwei Engeln (15./16. Jh.).

Beim Weitergehen ist links *(16)* das **Grab von Pius VI.** (1775–1799). Er wurde als Gefangener 1798 von Napoleon nach Frankreich gebracht. Der Deckel auf dem Sarkophag stammt aus dem 4. Jh. und zeigt in Reliefs, wie Josef von seinen Brüdern nach Ägypten verkauft wurde, sowie die Anbetung der Heiligen Drei Könige. Bemerkenswert ist das lateinische Kreuz hinter dem Thron von Maria.

Am Altar befindet sich ein Relief mit der thronenden Madonna mit Kind zwischen den Heiligen Petrus und Paulus sowie den kleinen Figuren des

Grabstätte von Papst Benedikt XVI.

Rechts davon *(18)* befindet sich das **Grab von Christine von Schweden** († 1689) sowie gegenüber *(19)* das Grab von Charlotte von Savoyen, Königin von Zypern († 1487).

Weiter folgt *(19 a)* das **Grab für Papst Benedikt XV.** (1914–1922) mit dessen liegender Gestalt in Bronze von Giulio Barbieri (20. Jh.). Gegenüber *(19 b)* ist das **Grab für Papst Innozenz IX.** (1591). Rechts davon *(19 c)* befindet sich das **Grabmal für Papst Marcellus II.** (1555), für den Palestrina die „Missa Papae Marcelli" komponierte. Der frühchristliche Sarkophag stammt aus dem 4. Jh. Sein Relief zeigt den Erlöser zwischen Petrus und Paulus sowie seitlich ein Ehepaar, für das der Sarkophag vermutlich ursprünglich angefertigt und das darin zunächst bestattet worden war. Die Inschrift auf dem Sarkophagdeckel lautet: „22 Tage war er Papst".

Rechts davon *(19 d)* kommt man zum **Grabmal für Papst Johannes Paul I.** (1978) mit zwei Engeln aus dem 14. Jh. Bereits 30 Tage nach seiner Wahl starb er völlig unerwartet. Sein Lächeln bleibt unvergessen. Nach seiner Wahl zum Papst soll er zu den Kardinälen gesagt haben: „Gott vergebe Euch, was Ihr getan habt; ich nehme die Wahl an."

Blick in die Confessio mit Pallienbehältnis unter dem Christusbild

Links davon *(20)* liegt in einem schlichten **Grab Paul VI.** (1963–1978), der sich ausdrücklich ein aufwendiges Denkmal verbat. Er wurde am 19. Oktober 2014 seliggesprochen. An der Rückwand ist ein Relief angebracht, das eine Madonna mit Kind inmitten zweier Engel zeigt. Sein Pontifikat war von der schwierigen Aufgabe geprägt, den Auf- und Umbruch innerhalb der Kirche nach dem Zweiten Vatikanischen Konzil zu bewältigen. Dass er deshalb von mancher Seite zum Teil heftig angefeindet wurde, war ihm ein großes Leid. Die Tiara, die er zu seiner Papstwahl geschenkt bekommen hatte, verkaufte er und gab den Erlös den Armen. In seiner Enzyklika „Populorum progressio" (1967) führte er die Katholische Soziallehre für unsere Zeit weiter. Das Dokument befasst sich mit der Entwicklung des Menschen und der ganzen Menschheit. Erhebliche Akzeptanz-Probleme brachte die Enzyklika „Humanae vitae" (1968), in der vom Papst wesentliche Gedanken über Liebe und Sexualität formuliert wurden. Zugleich bestärkte er – entgegen einem Mehrheitsvotum der vom Papst einberufenen Fachkommission – das Verbot der Geburtenregelung mit künstlichen Mitteln auch innerhalb der Ehe. Dieses einfache Grabmal zeigt die veränderte Auffassung des Papsttums von der Renaissance bis heute. Sixtus IV. (1471–1484) hat ein großes Bronzegrabmal (zu bewundern in der Schatzkammer von St. Peter). Julius II. (1503–1513) plante unter der Kuppel der neuen Peterskirche ein riesiges Grabmal; was aus dem Plan geworden ist, kann man in der Kirche S. Pietro in Vincoli mit der Moses-Statue von Michelangelo sehen (vgl. Nr. 48).

Im **Saal der Inschriften** *(21)* finden sich verschiedene heidnische, frühchristliche und mittelalterliche Grabinschriften (bis zum 14. Jh.) sowie andere Gegenstände aus der alten Basilika. Am Eingang sind einige sehr schöne alte Mosaiken zu sehen: links (mit viereckiger Gloriole um den Kopf) vermutlich Papst Paschalis II., daneben der Apostel Paulus, rechts Christus sowie Maria mit Kind. Die viereckige Gloriole weist darauf hin, dass der Dargestellte noch lebte, als das Bild entstanden ist; er war also nicht vollkommen, wie es der runde Heiligenschein ausdrücken würde.

Beim Weitergehen gelangt man links *(22)* zum **Grabmal für Papst Paul II.** (1464–1471).

Daneben *(22 a)* befindet sich das **Grab für Papst Nikolaus V.** (1447–1455), den ersten Renaissance-Papst. Vor seiner Wahl zum Papst war er u. a. Päpstlicher Legat für Deutschland. Mit Kaiser Friedrich III. schloss er 1448 ein Konkordat ab, das bis 1803 in Kraft blieb. Unter seiner Herrschaft brach für die Künstler ein goldenes Zeitalter an. Er gründete die Vatikanische Bibliothek.

Es folgt das **Grab für Papst Innozenz VII.** (1404–1406) *(22 b)*; er musste nach seiner

Blick in die Unterkirche. Im Hintergrund die Statue des knienden Pius VI.

Wahl nach Viterbo fliehen. Bald nach seiner Rückkehr nach Rom starb er. Um die Reorganisation der römischen Universität hat er sich verdient gemacht.

Weiter gelangt man zum **Grabmal für Papst Bonifaz VIII.** (1294–1303) *(23)*. Er rief 1300 das erste Heilige Jahr aus. Das Grabmal zeigt die liegende Figur des Papstes mit reich geschmückter Urne. Es wurde teilweise von Arnolfo di Cambio gestaltet.

Das **Grab für Papst Nikolaus III.** (1277–1280) *(24)* ist ein mit biblischen Darstellungen versehener frühchristlicher Sarkophag aus dem 4. Jh. Nikolaus III. wurde nicht in Rom, sondern in Viterbo zum Papst gewählt. Er förderte besonders die Franziskaner und die Dominikaner. Unter seiner Regierung wurden die Vatikanischen Gärten begründet.

In der Mitte der Ostseite der Unterkirche *(24 a)* sehen Sie rechts hinten die

Statue des knienden Papstes Pius VI. (1775–1799) von Canova. Diese Skulptur befand sich bis zur Umgestaltung der Unterkirche in der Confessio.

Geht man weiter Richtung Ausgang, erblickt man *(31)* rechts das **Grabmal für Papst Calixtus III.** aus dem Geschlecht der Borgia (1455–1458). An der Wand sind Reliefs des Auferstandenen sowie zweier Heiliger, die dieser Papst heiliggesprochen hat (rechts Osmundus, links Vinzenz Ferrer), angebracht. Er betrieb in erheblichem Maß Nepotismus. Ein Neffe bestieg 1492 als Alexander VI. den Stuhl Petri. Beide Borgia-Päpste belasten die Papstgeschichte.

Links *(32)* stehen einige **Säulen- und Mauerreste** aus der alten Basilika.

Am Ende des Ganges steht links *(33)* in einer Nische eine marmorne Petrus-Statue, die wohl als Vorbild für den Erzguss der **Petrus-Statue** (74) in der Basilika diente. Der Ausgang ist jetzt an der Südseite (Eingang zu den Scavi) gegenüber dem Campo Santo (Kap. 8). Schauen Sie jetzt noch – soweit es die Polizei gestattet – die neuen Statuen in den südlichen und westlichen Außennischen der Peterskirche an.

Die Statuen sind nicht nur wegen der dargestellten Heiligen beachtenswert, sondern auch wegen der verschiedenen Kunstrichtungen, die in den Statuen zum Ausdruck kommen. In Kapitel 11.2 finden Sie die Namen der dargestellten Heiligen.

Damit ist der Rundgang durch St. Peter beendet. Vieles haben wir betrachtet, doch würde es den Rahmen dieser Handreichung sprengen, wollte man auf die Vielzahl an Heiligen-Statuen oder die Ausgestaltung der verschiedenen Kapellen mit ihren Kuppeln, Mosaiken und vielem mehr eingehen. Damit könnte man weitere Rundgänge durchführen. Alles bei *einem* Besuch anzuschauen, übersteigt jedoch die Aufnahmefähigkeit.

Wenn Sie aber – vielleicht bei einem zweiten Besuch – sich noch in besonderer Weise mit den Heiligenstatuen in und um St. Peter befassen wollen, finden Sie dazu in Kapitel 11.2 weitere Informationen.

Blick von der Kuppel auf Gouverneurspalast und Papstwappen

6. Aufstieg zur Kuppel

Ein Höhepunkt des Besuchs von St. Peter ist sicher die Besteigung der Kuppel. Sie wurde nach den Plänen Michelangelos unter Leitung von Giacomo della Porta und Domenico Fontana in 22 Monaten (Juli 1588 bis Mai 1590) errichtet. Della Porta erhöhte die Kuppel um sieben Meter, damit sie auch nach der Verlängerung des Hauptschiffes der Basilika gut zu sehen ist.

Bis zum Dach der Basilika kann man mit dem Aufzug fahren, der auf der Nordseite der Basilika vor einigen Jahren angebaut wurde. Dort ist auch die Kasse. Der Aufstieg im Innern der Kuppel verlangt eine gute Kondition; man sollte auch schwindelfrei sein. Der alte Zugang (Aufzug und Treppe) zum Dach liegt innerhalb der Basilika (siehe (16)); er kann nur noch in Ausnahmefällen benutzt werden.

Schon vom Dach aus hat man einen schönen Blick über den Petersplatz und die Stadt Rom. Die Statuen an der Fassade der Basilika sind 5,5 m hoch, die Christusstatue misst 7,5 m.

16 Stufen führen weiter zum Eingang in die Kuppel; dort ist ein Porträt Michelangelos zu sehen, daneben ist eine Inschrift, die Papst Paul III. 1549 anbringen ließ und die besagt, dass Michelangelo für seine Tätigkeit als Baumeister von St. Peter keinen Lohn angenommen hat.

Der weitere Weg führt über den Umgang innerhalb der Basilika, von wo aus man einen tiefen Blick in die Basilika hat. Anschließend geht es zwischen den beiden Schalen der Kuppel 302 Stufen aufwärts bis zur Laterne in 120 m Höhe: Dann kommt man ins Freie. Eine Balustrade ermöglicht den Weg um die Laterne. Von dort aus hat man einen herrlichen Blick in die Vatikanischen Gärten und über die Stadt Rom, bei gutem Wetter auch auf die Sabiner und Albaner Berge. Dieses Panorama lohnt die Mühe des Aufstiegs. Auch der „Einblick" in die Vatikanischen Gärten ist sehr interessant.

Der beigefügte Plan zur Orientierung beim Blick von der Peterskuppel in die Vatikanstadt erleichtert Ihnen die Orientierung. Die hier eingefügten Ziffern verweisen auf diesen Plan.

Zu sehen sind der Gouverneurspalast (16) mit dem Wappen des jeweiligen Papstes im Vorgarten (17), der Turm des hl. Johannes (20), dahinter liegt der „Flugplatz" des Vatikans für Helikopter (21), die verschiedenen Grünanlagen, Radio Vatikan (23), der Campo Santo usw.

Man sieht über sich die vergoldete Bronzekugel, die einen Durchmesser von 2,25 m hat. Das Metallkreuz auf der Spitze der Kuppel misst 3,4 m. Dorthin könnte man zwar über eine eigene Treppe gehen, was aber für Besucher verboten ist. Nur die „Sanpietrini", die Arbeiter der Fabbrica di San Pietro, dürfen im Bedarfsfall bis zum Kreuz weitersteigen.

Erinnert sei an dieser Stelle daran, dass die Kuppel ganz knapp der Zerstörung im Zweiten Weltkrieg entgangen ist. Am Abend des 5. November 1943 fielen „aus heiterem Himmel" einige Bomben hinter dem Petersdom in den Vatikanstaat. Spuren dieses Bombardements sieht man noch am Gebäude des Vatikanbahnhofes. Welcher Nationalität das Flugzeug angehörte und warum die Bomben fielen, ist bis heute ungeklärt.

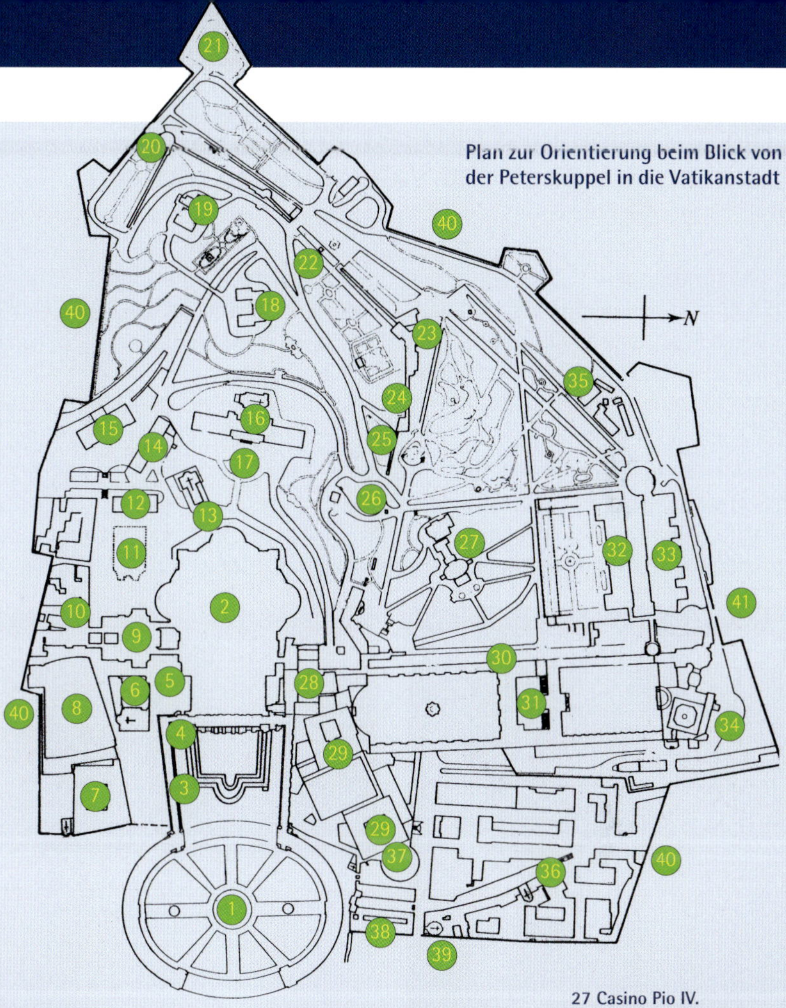

1 Petersplatz
2 Basilika
3 Informationsbüro/Vatikanpost
4 Arco delle Campane
5 Platz der ersten römischen Märtyrer
6 Campo Santo Teutonico
7 Glaubenskongregation
8 Audienzhalle Paul VI.
9 Sakristei und Schatzkammer
10 Hospiz Santa Martha
11 Platz der hl. Martha
12 Gerichtshof
13 Santo Stefano der Abessinier
14 Mosaikwerkstatt
15 Bahnhof
16 Verwaltung des Vatikans
17 Gärtnerisch gestaltetes Wappen des jeweiligen Papstes
18 Äthiopisches Priesterkolleg
19 Sendezentrum Marconi
20 Turm des hl. Johannes
21 Hubschrauber-Landeplatz
22 Rosengarten
23 Radio Vatikan
24 Kloster Mater Ecclesiae
25 Päpstl. Obst- u. Gemüsegarten
26 Bronzestatue des hl. Petrus
27 Casino Pio IV.
28 Sixtinische Kapelle
29 Päpstliche Paläste
30 Vatikanische Museen
31 Vatikanische Bibliothek
32 Pinakothek
33 Museum Paolino
34 Belvedere
35 Fragment der Berliner Mauer
36 Osservatore Romano
37 Vatikanbank IOR
38 Kaserne der Schweizer Garde
39 Pforte St. Anna
40 Vatikanische Grenzmauer
41 Eingang Vatikanische Museen

7. Die Ausgrabungen unter St. Peter („Scavi") und die Nekropole der Vatikanischen Museen

Die **Ausgrabungen („Scavi")** unter St. Peter können nach Voranmeldung im Ufficio Scavi della Fabbrica di S. Pietro, 00120 Città del Vaticano (Tel.: 0039 06 69885318; Fax: 0039 06 69873017; E-Mail: scavi@fsp.va) und nur mit Führung (Dauer etwa 1 Stunde) besucht werden. Der Eingang befindet sich unter dem Verbindungsgang zwischen Basilika und Sakristei an der Südseite der Basilika gegenüber dem Campo Santo Teutonico. Das Mindestalter der Besucher beträgt 15 Jahre; größere Taschen, Rucksäcke, Fotoapparate muss man vorher im Taschendepot rechts von der Fassade von St. Peter abgeben. Die Aufbewahrung ist kostenfrei.

Gräberstraße in der Nekropole unter St. Peter

Während der Führung werden einige Säle der Vatikanischen Grotten *(25–30)*

Mosaik „Christus als Sonnengott" in der Grabkammer der Julier

besichtigt und – weitaus bedeutender – eine vorchristliche Nekropole (= Friedhof) mit dem Grab des hl. Petrus.

In Saal *(25)* findet man steinerne Grabplatten, u. a. für Pietro Raimondo Zacosta († 1467), einen der Großmeister der Johanniter. Zu sehen ist auch eine Halbfigur des Papstes Benedikt XII. (1335–1342) – ein Werk von Paolo di Siena.

Im darauffolgenden Saal *(26)* sind Grabmäler für Kardinäle und andere Skulpturen. Hier ist auch die Grabplatte für Kardinal Jean de Bilhères de Lagraulas zu sehen, der bei Michelangelo die Pietà bestellt hat, sowie die Grabplatte für Kardinal Francesco Todeschini Piccolomini, der 1503 als Pius III. den Stuhl Petri bestieg, die Grabplatte aber bereits vor seiner Wahl zum Papst anfertigen ließ.

Der Segnende Christus im Saal *(27)* stammt vermutlich von Giovanni Dalmata.

Der Saal *(29)* zeigt noch einmal Gräber von Kardinälen und andere Skulpturen.

Im Saal *(30)* befinden sich frühchristliche Sarkophage.

Die **Nekropole unter St. Peter** diente vom 1.–4. Jh. als Begräbnisstätte. Es sind zahlreiche Grabkammern und Mausoleen zu sehen, die teilweise mit gut erhaltenen Ausschmückungen (Fresken, Mosaiken, Stuck) ausgestattet sind. An den Grabstätten führt eine schmale Straße vorbei. Über diese Straße geht die Führung.

Einige Grabkammern, wie die der Caetenier oder der Julier, sind besonders schön. Die Grabkammer der Julier diente zunächst als heidnische Begräbnisstätte. Erst später wurde hier christlich bestattet. Der Übergang von heidnischen zu christlichen Begräbnissen ist fließend. So ist Christus in einer Grabkammer als Sonnengott Helios dargestellt. Viele mit reichem Figurenschmuck ausgestattete Sarkophage stammen aus dem 2.–4. Jh. Am Ende der Führung gelangt man zu einer „Roten Mauer" mit eingeritzten Anrufungen zum hl. Petrus. Dies ist wohl ein weiterer Beweis dafür, dass hier Petrus begraben und verehrt wurde.

Seit Oktober 2006 ist eine weitere Nekropole im Vatikan für die Allgemeinheit zugänglich gemacht. Man hat sie beim Bau der Tiefgarage „Santa Rosa" im Jahr 2003 entdeckt. Es handelt sich um eine 2000 Jahre alte Grabanlage. Die freigelegten Gräber sind Teil einer weiteren Nekropole (Totenstadt) im Vatikan. Die Gräber werden in das 1.–4. Jh. n. Chr. datiert. Die Ausgrabungen brachten 40 Begräbnisstätten und etwa 200 Einzelgräber zum Vorschein.

Interessenten können Teile dieser Nekropole mit Führung freitags und samstags nach schriftlicher Voranmeldung besuchen: Ufficio Visite Speciali, Tel.: 0039 06 6988 4947; Fax: 0039 06 69881573; E-Mail: visitespeciali.musei@scv.va. Diese Nekropole gehört zu den Vatikanischen Museen, deren Archäologen die Ausgrabungen geleitet haben. Wahrscheinlich sind noch weitere Nekropolen im Boden des Vatikans verborgen.

8. Campo Santo Teutonico

Rund um St. Peter, diesen ehrwürdigen Ort der Christenheit, haben sich verschiedene Nationen „einen guten Platz" gesichert. So gründete Kaiser Karl d. Gr. 797 die „Schola francorum" als Pilgerherberge, Hospital und Friedhof. Das Grundstück war früher größer; für den Bau der Sakristei von St. Peter und der Kolonnaden musste Grund abgetreten werden.

Die Angelsachsen – um noch eine weitere Nation zu nennen – hatten ihre Niederlassung dort, wo heute die Kirche Santo Spirito in Sassia am Borgo di Santo Spirito steht, hinter der eine große Klinik gleichen Namens liegt. Für Abessinier wurde im 9. Jh. ein Hospiz gegründet, das heute noch als Kolleg bei der Kirche des hl. Stephan in den Vatikanischen Gärten besteht. Andere Nationen hatten ihre Pilgerzentren bei ihren Nationalkirchen.

Die heute vorhandenen Gebäude des Campo Santo Teutonico umfassen die der Schmerzensmutter (Pietà) geweihte Kirche (Baubeginn 1475, Weihe 1501), ein Priesterkolleg mit einer bedeutenden Bibliothek vor allem für Kirchengeschichte und Christliche Archäologie sowie den Friedhof. In der Kirche des Campo Santo – zugänglich nur von 7 bis 12 Uhr, außer zu Gottesdiensten – sind deutschsprachige Gottesdienste am Sonntag um 9 Uhr und werktags um 7 Uhr; mittwochs in lateinischer, samstags in italienischer Sprache.

Blick vom Campo Santo auf die Peterskuppel

Der Zugang erfolgt entweder durch den Bogen links von der Basilika oder hinter den südlichen Kolonnaden, vorbei am Gebäude der Glaubenskongregation. Weiter hinten kommt man an der neuen Audienzhalle vorbei, die unter Paul VI. errichtet wurde (Architekt Pier Luigi Nervi, 1971). An beiden Zugängen helfen Ihnen Schweizer Gardisten weiter, die dort zur Bewachung stehen.

Sie betreten das Grundstück über das **Tor zum Friedhof**. Darüber stehen die Worte: „Teutones in Pace – Deutsche in Frieden". Links führt der Weg zur **Kirche**. Das neue **Portal** ist eine Stiftung der Bundesrepublik Deutschland; 1957 hat es der damalige Bundespräsident Theodor Heuss übergeben. Gestaltet hat es Elmar Hillebrand (Köln). Der linke Türflügel stellt Maria mit dem Jesuskind als Sitz der Weisheit dar. Die Wappen unterhalb der Muttergottes zeigen Papst- und Reichssymbole. Damit kommt zum Ausdruck, dass der Campo Santo Begegnungsstätte der beiden Mächte war, die unsere Geschichte geprägt haben. Darunter befindet sich das Wappen der Erzbruderschaft, die Eigentümerin/Trägerin des Campo Santo ist. Die rechte Türhälfte ziert ein Bildnis des Auferstandenen. Der Türknauf besteht aus dem Namenszug Karls d. Gr. Darunter ist die Widmungsinschrift zu lesen. Oben blasen Engel zum Gericht, unten verlassen Tote ihre Gräber zur Auferstehung (Ez 37,11–14). Im Boden verweist eine Grabplatte auf den hier bestatteten Wittelsbacher Georg von Bayern. Er hat zwei moderne Portale der Basilika gestiftet (siehe Kapitel 11.8). Dem Eingang zur Kirche wurde 2010 ein neu gestalteter Portikus mit dem Wappen von Papst Benedikt XVI. vorgebaut. Im Hochaltar sind Bildtafeln unbekannter Meister zu sehen, das Bild in der Mitte zeigt die Pietà. Links vom Hochaltar ist die Schweizer Kapelle. Sie ist die Grablege der beim Sacco di Roma (1527) gefallenen Schweizer Gardisten. In dieser Kapelle sind Fresken hoher Qualität von Polidoro Caldara, einem Schüler Raffaels.

Kirchenportal im Campo Santo

Schweizer Gardist

Seit 1876 besteht am Campo Santo ein Kolleg für studierende Priester mit 20 Plätzen. 1888 kam der römische Sitz der Deutschen Görresgesellschaft dazu mit einer umfangreichen Bibliothek. Die Kirche wurde in den Jahren 1972–1975 renoviert.

Der **Friedhof** ist ein Ort mit besonderer Atmosphäre. Anton de Waal, der erste Rektor des Priesterkollegs, beschrieb ihn mit den Worten: „Ein Schwalbennest am Riesendom – ein deutsches Heim im Ew'-gen Rom". Nehmen Sie sich etwas Zeit zum Verweilen. Von hier aus hat man einen schönen Blick auf die Peterskuppel.

Nach den Statuten haben allein die Mitglieder der Erzbruderschaft, die Angehörigen von Ordenshäusern deutschen Ursprungs sowie Verstorbene der beiden anderen „deutschen" Kollegien (Germanicum, Anima) das Recht auf Bestattung im Campo Santo Teutonico. Das Kreuz in der Mitte des Friedhofs schuf der aus Münster in Westfalen stammende Bildhauer Wilhelm Achtermann (1799–1884). Im Friedhof ruhen bekannte Persönlichkeiten, aber auch viele „einfache" Menschen.

Wenn Sie die Kirche verlassen, sehen Sie Grabplatten verschiedener Orden aus Deutschland, die in Rom einen Sitz haben. In einer dieser Grablegen ist Madre Pascalina Lehnert aus Ebersberg begraben, die lange Jahre dem Nuntius Pacelli und dem späteren Papst Pius XII. den Haushalt geführt hat. Zweigt man nach links ab, gelangt man zum Grab des bekannten Tiroler Landschaftsmalers Josef Anton Koch († 1839). Gehen Sie weiter, so finden Sie (links) das Grab des Archäologen Ludwig Curtius († 1954). An der Ecke dieses Gräberfeldes ist das Grab des Schriftstellers Stefan Andres († 1970). Im Gang zur Mitte liegt das Grab von P. Engelbert Kirschbaum SJ, der bei den Ausgrabungen unter St. Peter maßgeblich beteiligt war. Nicht weit davon ist das Grab von Götz Briefs, einem deutschen Professor für Volkswirtschaft und Soziologie (1889–1974), der die Betriebssoziologie begründet hat. Die Gruft des Germanicums finden Sie auf dem Weg vom Eingang zum Kreuz in der Mitte des Friedhofs.

Das Kachelbild an der westlichen Wand zur Sakristei von St. Peter hin zeigt die Gründung des Campo Santo durch Karl d. Gr. schon mit der neuen Peterskirche, die freilich zur Zeit Karls d. Gr. noch nicht stand. An dieser Wand liegt auch die Begräbnisstätte für Anton de Waal, den ersten Rektor des Priesterkollegs.

Damit ist die Führung in und um St. Peter zu Ende. Lassen Sie sich Zeit, um die vielen vermittelten Eindrücke zu verarbeiten.

Eine lohnende Ergänzung ist der eineinhalb Stunden dauernde **Besuch der Vatikanischen Gärten**. Fragen Sie im Informationsbüro oder in der Eingangshalle zu den Vatikanischen Museen, ob und wann ein Besuch – nur mit Führung – möglich ist.

Der Zugang zu den Vatikanischen Gärten erfolgt durch die Eingangshalle der Vatikanischen Museen. Dort erhält man an einem besonderen Schalter auch die Eintrittskarten. Einen Einblick in die Gärten vermittelt der Aufstieg zur Kuppel, vor allem, wenn man den Plan zur Orientierung benutzt, den Sie in Kapitel 6 finden.

Es gibt seit einiger Zeit die Möglichkeit eines „Vatikan-Tages" (jeweils samstags): Besuch der Vatikanischen Museen, der Sixtinischen Kapelle, der Vatikanischen Gärten in Rom, eine Zugfahrt nach Castel Gandolfo mit Besichtigung des dortigen Papstpalastes und der Gartenanlage. Näheres erfahren Sie in den Informationsbüros des Vatikan.

9. Wer war Petrus?

Dieser Frage nachzugehen gehört zu einem Besuch der Peterskirche. Nehmen Sie ein Neues Testament zur Hand und lesen Sie einige der im folgenden Text angegebenen Stellen.

Petrus stammte aus Bethsaida, einem Ort östlich der Mündung des Jordan in den See Genezareth. Später übersiedelte er wahrscheinlich nach Kapharnaum. Er war von Beruf Fischer und verheiratet; im Markusevangelium (Mk 1,30) wird die Schwiegermutter erwähnt. Sein Bruder Andreas brachte ihn zu Jesus.

Zusammen mit Jakobus und Johannes war er ein besonders Vertrauter von Jesus (vgl. Erweckung der Tochter des Jairus, Mk 5,37; Verklärung auf dem Tabor, Mt 17,1–8; Ölberg, Mt 26,37). Petrus ist oft Wortführer der Zwölf Apostel: Wunderbarer Fischfang (Lk 5,3 ff.); Treuebekenntnis nach der eucharistischen Verheißungsrede (Joh 6,68 f.). Petrus war wohl auch ein spontaner Mensch. Als er den Herrn sah, sprang er ins Wasser, aber sein Glaube ließ nach, und er rief: „Herr, ich gehe zu Grunde" (Mt 14,28 ff.).

Er wollte sein Leben für Jesus geben (Mk 14,31) und hat seinen Herrn verleugnet (Mt 26,69–75). Dennoch berief ihn Jesus zum Oberhaupt der Apostel: „Du bist Petrus, auf diesen Felsen will ich meine Kirche bauen" (Mt 16,18 ff.); „Weide meine Lämmer, weide meine Schafe" (Joh 21,15–17); „Du stärke deine Brüder" (Lk 22,31 ff.). Nach der Auferstehung erscheint Jesus zuerst Petrus (Lk 24,34 f.).

Schriftstellen, die vom Wirken des hl. Petrus berichten: In Jerusalem (Apg 1–6); Missionsreise in umliegende Gebiete: Samaria (Apg 8,14 ff.), Lydda, Joppe (Erweckung der Tabitha, Apg 9,31–43; Taufe des Cornelius, Apg 10). Um Ostern 44 wird Jakobus d. Ä. von Herodes hingerichtet, Petrus festgenommen; ein Engel errettet ihn (Apg 12).

Danach ging Petrus wahrscheinlich nach Syrien, wo er u. a. Paulus traf. Um 50/51 ist Petrus wieder in Jerusalem, wo das Apostelkonzil (Apg 15,5–35) stattfindet. Danach macht er eine Visitationsreise in

Hauptportal, Ausschnitt: Petrus übergibt die Schlüssel an Eugen IV.

Kleinasien; an die dortigen Gemeinden sind die zwei später in Rom geschriebenen Briefe gerichtet (1 Petr 1,1).

Sein Aufenthalt in Rom ist unstrittig, aber der Zeitraum ungewiss. Dass Petrus 25 Jahre Bischof in Rom war, ist unwahrscheinlich. Gesichert ist sein Martyrium während der Christenverfolgung unter Kaiser Nero um 64/67. Das Petrusgrab ist seit langem am heutigen Ort bezeugt.

10. Verwendete Literatur

Basso, M., Führer durch die Vatikanische Nekropole. Vatikan 1986.

Bauer, Franz J., Rom im 19. und 20. Jahrhundert. Regensburg 2009.

Bredekamp, Horst, Sankt Peter in Rom und das Prinzip der produktiven Zerstörung. Berlin 2008.

Buchowiecki, W., Handbuch der Kirchen Roms. Band 1. Wien 1967.

Fabbrica di San Pietro (Hg.), San Pietro in Vaticano. Vatikan 2001.

Dies. (Hg.), Le Grotte Vaticane. Vatikan 2003.

Dies. (Hg.), La Sacrestia della Basilica Vaticana. Vatikan 2001.

Ernesti, Jörg, Deutsche Spuren in Rom. Freiburg ^{2}2021.

Fink, Josef, Das Petrusgrab in Rom. Innsbruck 1988.

Fischer, Hans-Peter / Weiland, Albrecht (Hg.), Der Campo Santo Teutonico, Regensburg/Lindenberg i. Allgäu 2016.

Fischer-Wollpert, R., Lexikon der Päpste. Mit Namen und Fakten zur Papstgeschichte. Wiesbaden 2003.

Verwendete Abkürzungen für Schriftstellen:

Ez	Ezechiel
Mt	Matthäus
Mk	Markus
Lk	Lukas
Joh	Johannes
Phil	Philipperbrief
1 Petr	1. Petrus-Brief
Apg	Apostelgeschichte

Giuliani, G., Führer durch die Peterskirche. Rom 1995.

Jung-Inglessis, E. M., St. Peter. Florenz 1980.

Jung-Inglessis, E. M., Ein Rundgang durch die Vatikanischen Gärten. Vatikan 1995.

Jung-Inglessis, E. M., San Pietro. Dal Sepolcro dell'Apostolo alla Cupola della Basilica. Torino 1999.

Kasper, W. u. a. (Hg.), Lexikon für Theologie und Kirche (LThK). Freiburg 2006.

Liverani Paolo u. a., Die Nekropolen im Vatikan. Deutsche Ausgabe: Stuttgart 2010.

Petrosillo, Orazio, La Città di Pietro. Storia, Arte e Tesori. Vatikan 2002.

Raffalt, Reinhard, Cantata Romana. Römische Kirchen. München 1977.

Schüller-Piroli, S., 2000 Jahre Sankt Peter. Olten 1950.

Schwaiger, G., Papsttum und Päpste im 20. Jahrhundert. München 1999.

Seppelt, F. X., Papstgeschichte. München ^{5}1949.

Suffi, Nicolo, Sankt Peter. Führer für Petersplatz und Basilica. Vatikan ^{2}2005.

Touring Club Italiano (CIT), Roma. Mailand ^{9}1999.

Wimmer, O. / H. Melzer, Lexikon der Namen und Heiligen – bearbeitet und ergänzt von Josef Gelmi. Innsbruck – Wien ^{6}1988.

Hauptportal, Ausschnitt: Christus

Hauptportal, Ausschnitt: Maria

11. Vertiefende Informationen

11.1 Der Petersplatz

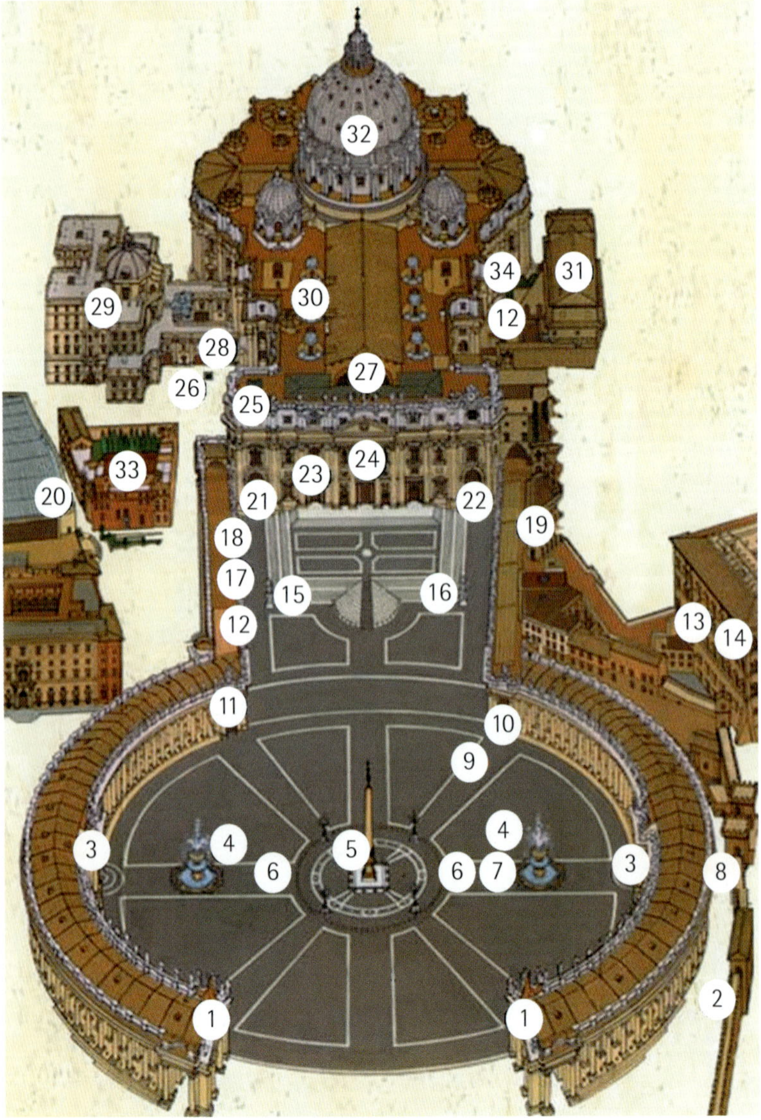

Erklärungen zur Skizze „Petersplatz“

1. Kolonnaden 2. „Passetto“ zur Engelsburg 3. Wappen Alexanders VII. 4. Brunnen 5. Obelisk 6. Zentrum der Ellipse 7. Anzeiger für Mittagsschatten des Obelisken 8. Tiara-Brunnen 9. Gedenkstein für Papstattentat 10. Portone di Bronzo – Eingangstor zum Papstpalast 11. Eingang zum Flügel „Karl der Große“ 12. Toiletten 13. Apostolischer Palast 14. Papstwohnung 15. Statue des hl. Petrus 16. Statue des hl. Paulus 17. Information und Vatikanpost 18. Buchhandlung 19. Mosaik „Mater Ecclesiae“ 20. Audienzhalle „Paul VI.“ 21. Durchgang am Glockenbogen 22. Gepäckaufbewahrung 23. Fassade 24. Segensloggia; Relief „Schlüsselübergabe“ 25. Glocken 26. Früherer Standort des Obelisken 27. Statuen der Apostel, in der Mitte Christus 28. Eingang zu den „Scavi“ 29. Sakristei und Schatzkammer 30. Dach der Basilika 31. Sixtinische Kapelle 32. Peterskuppel 33. Campo Santo Teutonico 34. Aufzug zur Kuppel/Eingang zur Unterkirche

Blick auf St. Peter

11.2 Die Heiligen-Statuen um und in St. Peter

Heilige sind Menschen, die ihr Leben in Gottes Nähe gestaltet haben und zur Vollendung führten. Sie sind Lichtspuren am Himmel der Kirche und die wichtigsten Personen in der Heilsgeschichte der Kirche. 140 grüßen uns als 3,10 m hohe Statuen über den Kolonnaden, wenn wir den Petersplatz überqueren. Die folgenden Verzeichnisse der Heiligen um und in St. Peter wollen Ihnen helfen, „Ihren" Heiligen leichter zu finden, sei es Ihr Namenspatron, sei es Ihr Lieblingsheiliger.

Die Heiligen am Petersplatz

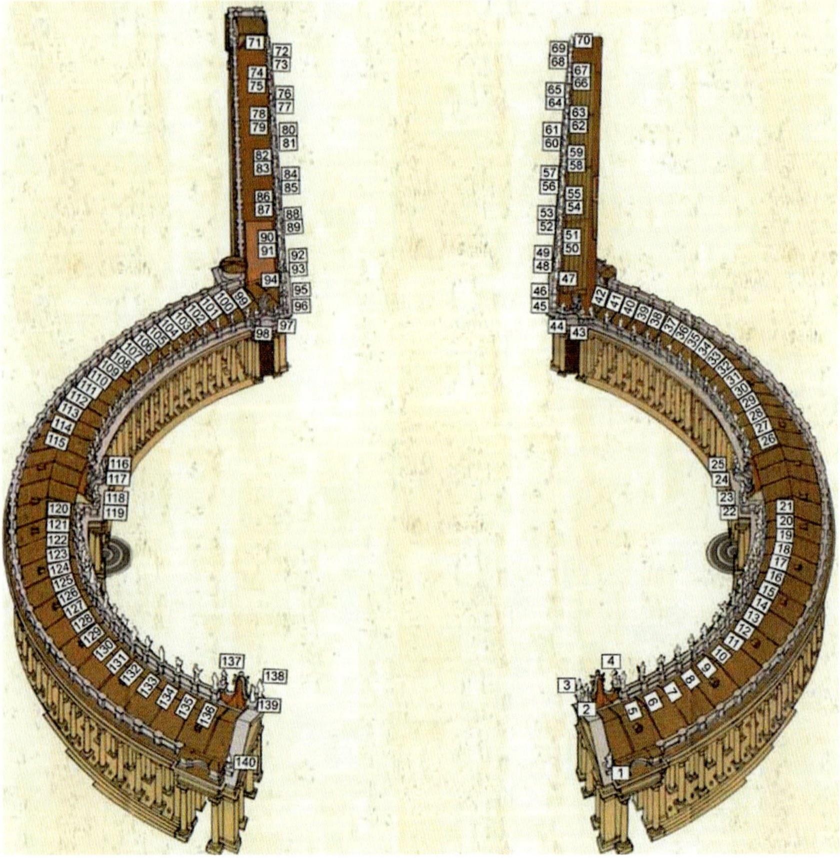

Die Heiligen-Statuen über den Kolonnaden

1. Gallicanus, 2. Leonhard, 3. Petronilla, 4. Vitalis, 5. Thekla, 6. Albert (O. Carm.), 7. Elisabeth (Königin), 8. Agatha, 9. Ursula, 10. Klara, 11. Olympia, 12. Luzia, 13. Balbina, 14. Apollonia, 15. Remigius, 16. Ignatius von Loyola, 17. Benedikt, 18. Bernhard von Clairvaux, 19. Franz von Assisi, 20. Dominikus, 21. Macrina, 22. Theodosia, 23. Ephräm, 24. Maria aus Ägypten, 25. Markus, 26. Febronia, 27. Fabiola, 28. Nilamones, 29. Marcianus, 30. Eusignus, 31. Marinus, 32. Didymus, 33. Apollonius, 34. Candida, 35. Fausta, 36. Barbara, 37. Benignus, 38. Malchus, 39. Mamantes, 40. Colomba, 41. Pontianus (Papst), 42. Genesius, 43. Agnes, 44. Katharina, 45. Justus, 46. Cäcilia, 47. Franziska von Rom, 48. Georg, 49. Magdalena Pazzi, 50. Susanna, 51. Martina, 52. Nikolaus von Myra, 53. Nikolaus von Tolentino, 54. Franz Borgia, 55. Franz von Sales, 56. Theresia, 57. Juliana, 58. Julianus, 59. Celsus, 60. Anastasius, 61. Vinzenz Martyrer, 62. Paulus, 63. Johannes, 64. Damianus, 65. Cosmas, 66. Zosimus, 67. Rufus, 68. Protasius, 69. Gervasius, 70. Thomas von Aquin, 71. Bonaventura, 72. Markus, 73. Marcellinus, 74. Vitus, 75. Modestus, 76. Praxedis, 77. Pudentiana, 78. Fabian (Papst), 79. Sebastian, 80. Timotheus, 81. Faustus, 82. Primus, 83. Felizian, 84. Hippolyt, 85. Basilissa, 86. Paulus, 87. Julianus, 88. Nereus, 89. Achilleus, 90. Felix, 91. Constanza, 92. Andreas Corsini, 93. Crescentius, 94. Pelagia, 95. Pankraz, 96. Dionysius, 97. Laurentius, 98. Stephan, 99. Romanus, 100. Eusebius, 101. Spiridion, 102. Ignatius (Bischof), 103. Alexander, 104. Leo der Große (Papst), 105. Athanasius, 106. Johannes Chrysostomus, 107. Ubald, 108. Gregor von Nazianz, 109. Leo IV. (Papst), 110. Clemens (Papst), 111. Petrus Coelestinus, 112. Marcellus (Papst), 113. Martin (Papst), 114. Silvester (Papst), 115. Marcellinus (Papst), 116. Galla, 117. Katharina von Siena, 118. Beatrix, 119. Theodora, 120. Hyazinth, 121. Franz Xaver, 122. Kajetan, 123. Philipp Benizi, 124. Philipp Neri, 125. Karl Borromäus, 126. Antonius von Padua, 127. Franz von Paula, 128. Antonius (Abt), 129. Paulus (Eremit), 130. Petrus Nolascus, 131. Josef (Nährvater Jesu), 132. Romuald, 133. Johannes von Matha, 134. Ludwig Bertrand, 135. Bruno von Köln, 136. Hilarion, 137. Hieronymus, 138. Theodor, 139. Tibaldus, 140. Norbert von Xanten

Plan der Statuen wichtiger Gründerinnen und Gründer von Orden und Kongregationen in St. Peter

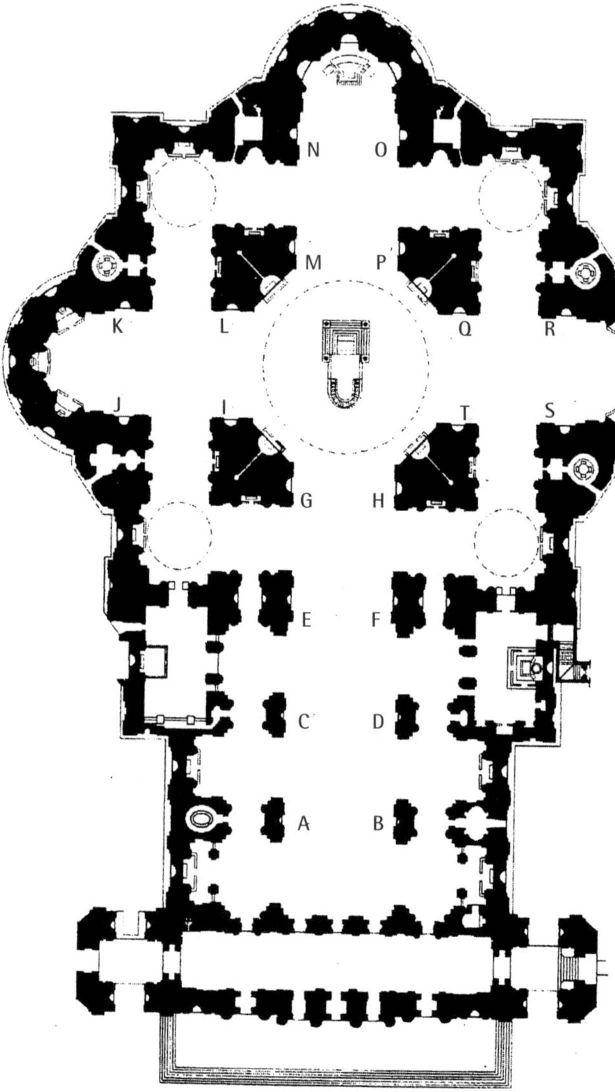

Statuen heiliger Gründerinnen und Gründer von Orden und Kongregationen an den Pfeilern der Basilika innen

Die Nummerierung erfolgt mit Buchstaben A–T; u = unten; o = oben

Nr.	Name der/des Heiligen	Lebensdaten	Gründung
A u	Petrus von Alcantara	1499-1562	Alcantarini (Barfüßer)
A o	Lucia Filippini	1672-1732	Maestre Pie Filippine
B u	Theresia von Ávila	1515-1582	Unbeschuhte Karmeliterinnen
B o	Madeleine-Sophie Barat	1779-1865	Sacré-Coeur-Schwestern
C u	Kamillus von Lellis	1550-1614	Kamillianer
C o	Ludwig Maria Grignon de Monfort	1673-1716	Monfortaner
D u	Vinzenz von Paul	1581-1660	Congregation Missionis für Priester ; Vinzentinerinnen
D o	Johannes Eudes	1601-1680	Eudisten
E u	Ignatius von Loyola	1491-1556	Jesuiten
E o	Antonius Maria Zaccaria	1502-1539	Barnabiten
F u	Philipp Neri	1515-1595	Oratorianer
F o	Johannes Baptist de la Salle	1651-1719	Schulbrüder
G u	Franz von Paula	1416-1507	Paulaner
G o	Petrus Fourier	1565-1640	Kongregation der Chorfrauen U.L.F.
H o	Johannes Don Bosco	1815-1888	Salesianer Don Boscos
I u	Johannes von Gott	1495-1550	Barmherzige Brüder
I o	Maria Eufrasia Pelletier	1796-1868	Schwestern U.L.F. von der Liebe des Guten Hirten
J u	Petrus Nolascus	1182-1249	Mercedarier
J o	Louisa de Marillac	1591-1660	Vinzentinerinnen
K u	Norbert von Xanten	1082-1134	Prämonstratenser
K o	Wilhelm von Vercelli	1085-1142	Benediktiner von Montevergine
L u	Juliana von Falconieri	1290-1341	Servitinnen
L o	Angela Merici	1470-1540	Ursulinen
M u	Benedikt von Nursia	480-547	Benediktiner
M o	Franziska von Rom	1384-1440	Oblaten
N u	Franz von Assisi	1181-1226	Franziskaner
N o	Alfons von Liguori	1696-1787	Redemptoristen
O u	Dominikus	1170-1221	Dominikaner
O o	Franz Caracciola	1563-1608	Mindere Regularkleriker
P u	Elias	9. Jh. v. Chr.	Karmeliter
P o	Franz von Sales	1567-1622	Heimsuchungsschwestern U.L.F.
Q u	Bruno von Köln	1035-1101	Kartäuser
Q o	Paul vom Kreuz	1694-1775	Passionisten
R u	Joseph von Calasanza	1556-1648	Piaristen
R o	Bonfiglio Monaldi	1040-1115	Serviten
S u	Hieronymus Aemiliani	1486-1537	Somasker
S o	Giovanna Antida Thouret	1765-1826	Töchter der Liebe
T u	Cajetan Thiene	1480-1547	Theatiner
T o	Franziska Xaveria Cabrini	1850-1917	Missionarinnen vom Hl. Herzen

Die Statuen über der Fassade der Basilika

(von links nach rechts)
Thaddäus, Matthäus, Philippus, Thomas, Jakobus der Ältere, Johannes der Täufer, Christus Erlöser, Andreas, Johannes Evangelist, Jakobus der Jüngere, Bartholomäus, Simeon, Mathias.
Die Apostel Petrus und Paulus stehen auf dem Petersplatz.

Die Statuen in den Außennischen der Basilika

Wenn Sie durch den „Archo delle Campane" (Bogen der Glocken) an der Südseite der Basilika bis zum Westchor entlanggehen, sehen Sie die Statuen folgender Heiliger bzw. Seliger: Annibale Maria di Francia, Priester aus Messina, er kümmerte sich vor allem um Arme und Waisenkinder (1851–1927); Maria Desolata Tores aus Madrid, sie gründete die Kongregation der Mägde Mariens – Dienerinnen der Kranken (1826–1887); Maria Josepha vom Herzen Jesu – Maria Droste zu Vischering aus Münster/Westfalen (1863–1899), sie veranlasste aufgrund mystischer Erfahrungen Papst Leo XIII. zur Weltweihe an das Herz Jesu 1899; Josemaria Escrivà de Belaguer (1902–1975), Gründer des Opus Dei; Teresa von Chile (1900–1920), eine Karmelitin, die erste Chilenin, die heiliggesprochen wurde

Hl. Edith Stein

Hl. Teresa de los Andes

(1993), dargestellt als „Enamorada" (Verliebte), die Jesus entgegengeht; Marcellin-Joseph-Benôit Champagnat (1789–1840), Gründer der Maristen-Schulbrüder; Katharina von Siena (1347–1380); Birgitta von Schweden (1303–1373), Gründerin des Birgittenordens; Edith Stein (1891–1942), eine deutsche Karmelitin, die vom Judentum zur katholischen Kirche konvertierte und deshalb mit Thora und Kreuz dargestellt wurde.

An der Nordseite begegnet Ihnen die Statue des hl. Gregor, genannt Illuminator Armeniens, er begründete das Christentum in Armenien (3./4. Jh.).

11.3 Kaiserkrönungen in St. Peter

Nach mittelalterlicher Auffassung verlieh Gott dem Papst die irdische und die überirdische Gewalt; die irdische Gewalt gab der Papst weiter an den weltlichen Herrscher, den Kaiser. Im Mosaik des Tricliniums bei der Laterankirche ist dies dargestellt. Der Kaiser war gleichzeitig die weltliche Schutzmacht für den Papst. Vor diesem geschichtlichen Hintergrund sind die Kaiserkrönungen in St. Peter zu sehen, wie sie die folgende Tabelle aufzeigt. Als immer mehr weltliche Herrscher aufkamen, verlor sich die Bedeutung des Römischen Kaisers als Schutzherr der Kirche und es erfolgten keine Krönungen mehr durch den Papst, weder in St. Peter noch an anderen Orten. Das Zusammenspiel „Papst – Kaiser" führte im Investiturstreit zu erheblichen Schwierigkeiten. Es ging dabei um die Frage, wer Bischöfe einsetzen darf, der Kaiser oder der Papst. Bischöfe waren damals auch Landesherren; deshalb hatte der Kaiser ein besonderes Interesse bei der Ernennung der Bischöfe. Dem Papst oblag die Sorge um die gute Ausübung des geistlichen Amtes der Bischöfe. Betroffen von diesen Auseinandersetzungen waren vor allem Italien und Deutschland. Höhepunkt war die Absetzung des Papstes Gregor VII. 1076 durch Kaiser Heinrich IV. durch die Synode in Worms. 1077 wurde Heinrich IV. vom Kirchenbann befreit (Gang nach Canossa!). Eine Einigung brachte 1122 das Wormser Konkordat: Der weltliche Herrscher verzichtete auf die Investitur von geistlichen Fürsten mit Ring und Stab, behielt aber einen gewissen Einfluss auf die Ernennung von Bischöfen.

Lfd.Nr.	Datum	Kaiser	Krönender Papst
1.	24.12.800	Karl der Große	Leo III.
2.	05.04.823	Lothar I.	Paschalis I.
3.	02.12.850	Ludwig II.	Leo IV.
4.	25.12.875	Karl der Kahle	Johannes VIII.
5.	25.12.881	Karl der Dicke	Johannes VIII.
6.	21.02.891	Guido Herzog von Spoleto	Stephan V.
7.	895	Arnulf von Kärnten	Formosus
8.	Febr. 901	Ludwig III. von Provenza	Benedikt IV.
9.	24.03.915	Berengar Herzog von Friaul	Johannes X.
10.	02.02.962	Otto I. der Große	Johannes XII.
11.	25.12.967	Otto II.	Johannes XIII.
12.	21.05.996	Otto III.	Gregor V.
13.	14.02.1014	Heinrich II.	Benedikt VIII.
14.	26.03.1027	Konrad II.	Johannes XIX.
15.	25.12.1046	Heinrich III.	Clemens II.
16.	13.04.1111	Heinrich V.	Paschalis II.
17.	18.06.1155	Friedrich I. Barbarossa	Hadrian IV.
18.	15.04.1191	Heinrich VI.	Coelestin III.
19.	04.10.1209	Otto IV.	Innozenz III.
20.	22.11.1220	Friedrich II.	Honorius III.
21.	05.04.1355	Karl IV.	Pietro Bertrand[1]
22.	31.05.1433	Sigismund der Luxemburger	Eugen IV.
23.	19.03.1452	Friedrich III.	Nikolaus V.

1 Bischof von Ostia, Krönung im Auftrag von Innozenz VI.
(Quelle: Roma Sacra. San Pietro in Vaticano, Roma 2000, S. 52)

11.4 Der Obelisk am Petersplatz und die an ihm angebrachten Inschriften

Am Sockel des Obelisken ließ Sixtus V. auf jeder der vier Seiten Inschriften anbringen, die auf die Heilsbedeutung des Obelisken hinweisen. Der Obelisk ist der zweithöchste Roms, aber der einzige, der noch ganz in einem Stück ist. Der höchste Obelisk steht – wie schon erwähnt – bei der Lateranbasilika und weist damit darauf hin, wo die bedeutendste Kirche Roms steht.

Die Inschrift an der Westseite – zur Basilika hin – lautet:
Christus vincit. Christus regnat. Christus imperat. Christus ab omni malo plebem suam defendat.

Christus siegt, Christus ist König, Christus herrscht. Christus möge sein Volk vor allem Bösen verteidigen.

Die Inschrift an der Südseite – zum Gianicolo hin – lautet:

Sixtus V. Pont. Max. Obeliscum Vaticanum Diis Gentium Impio Cultu Dicatum ad Apostolorum Limina Operoso Labore Transtulit. An. M.D.LXXXVI. Pont. II.

Papst Sixtus V. hat mit großer Mühe den vatikanischen Obelisken, der einst dem unfrommen Kult gewidmet war, an die Schwelle der Apostel versetzt. Im Jahr 1586, im zweiten Jahr seines Pontifikats.

Die Inschrift an der Ostseite – zur Via della conciliazione hin – lautet:

Ecce crux domini. Fugite partes adversae. Vincit Leo de tribu Juda.

Seht das Kreuz des Herrn. Fliehet ihr feindlichen Mächte. Es siegt der Löwe aus dem Stamme Juda.

Die Inschrift an der Nordseite – zum Vatikanpalast hin – lautet:

Sixtus V. Pont. Max. cruci invictae obeliscum vaticanum ab impia superstitione expiatum iustius, et felicius consecravit An. M.D.L.XXXVI. Pont. II.

Papst Sixtus V. hat den vatikanischen Obelisken von ruchlosem Aberglauben befreit und gerechter und glücklicher dem unbesiegten Kreuz geweiht. Im Jahr 1586, im zweiten Jahr seines Pontifikats.

An der Spitze des Obelisken auf der Seite zur Basilika steht folgender Text:

Sanctissimae cruci Sixtus V. Pont. Max. consecravit. E priore sede avulsum

et caess. Aug. ac Tib. I. L. ablatum M. D. LXXXVI.

Sixtus V. hat (den Obelisken) im Jahr 1586 dem heiligen Kreuz geweiht, den er vorher von seinem früheren Platz hierher hat setzen lassen und der unter den Kaisern Augustus und Tiberius (aus Ägypten nach Rom) gebracht worden ist.

Zu dieser Inschrift bemerkt Domenico Fontana, unter dessen Regie der Obelisk auf dem Petersplatz aufgestellt worden ist: Unser Herr (gemeint ist Papst Sixtus V.) hat auf der Seite zu Sankt Peter hin auf der Spitze mit großen Buchstaben, die man auch vom Platz aus lesen kann, diesen Text anbringen lassen.

(Quelle: Domenico Fontana, Del modo tenuto nel trasportare l'obelisco vaticano. Teilreprint des Originalwerkes. Berlin 1987 VEB Verlag für Bauwesen)

11.5 Die Längenmaße anderer Kirchen

Im Hauptschiff der Basilika sind im Boden die Längenmaße verschiedener anderer Kirchen vermerkt, die hier aufgeführt werden, angefangen vom Eingang der Basilika nach vorne zur Confessio. Suchen Sie „Ihre" Kirche! Die Petersbasilika misst innen 186,86 Meter.

Kirche	Länge in Meter
Basilika St. Paul, London	158,10
Dom in Florenz	149,28
Herz-Jesu-Basilika in Brüssel	140,94
Immaculata-Kirche in Washington	139,14
Kathedrale von Reims	138,69
Dom zu Mailand	134,94
Dom zu Köln	134,94
Dom zu Speyer	134
Basilika S. Petronio, Bologna	132,54
Kathedrale von Sevilla	132
Kathedrale Notre-Dame, Paris	130
St. Paul vor den Mauern, Rom	127,36
Kathedrale St. Veit, Prag	124
Kathedrale von Toledo	122

Kirche	Länge in Meter
Lateranbasilika, Rom	121,84
Kathedrale in Antwerpen	118,60
Kathedrale in La Plata	120
Basilika S. Justina, Padua	118,50
Kathedrale in Esztergom	118
Dom in Ferrara	118
Basilika S. Maria degli Angeli, Assisi	114,76
Kathedrale in Sao Paolo	111,45
Westminster-Kathedrale, London	110
Hagia Sofia, Istanbul	109,57
Kathedrale in Boston	109,14
Marienkirche in Danzig	103,50
St. Patrick in New York	101,19

11.6 Das Textband in der Basilika

Der Fries, in dem der Text auf Goldgrund in Mosaik gesetzt ist, misst 3 m an Höhe; die Buchstaben sind 1,4 m hoch. Das Schriftband wurde unter Pius IX. (1846–1878) angebracht von den Mosaizisten Alessandro Agricola, Pietro De Vecchis, Ettore Vanutelli und Domenico Tani. (Quelle: ROMA SACRA; San Pietro in Vaticano, Libreria Editrice Vaticana 2001, S. 49–50)

Der Text im Kuppelarchitrav ist in Blau auf Gold geschrieben.

Sie haben hier die Möglichkeit, den Text im Zusammenhang zu lesen.Die Übersetzung erfolgt möglichst wortnah am lateinischen/griechischen Text.

Hauptschiff, linke (südliche) Seite (Lk 22,32):
EGO ROGAVI PRO TE, O PETRE, UT NON DEFICIAT FIDES TUA, ET TU ALIQUANDO CONVERSUS, CONFIRMA FRATRES TUOS

Petrus, ich habe für dich gebetet, dass dein Glaube nicht erlischt, und wenn du dich wieder bekehrt hast, dann stärke deine Brüder.

Hauptschiff, rechte (nördliche) Seite und Ostwand (Mt 16,19):
QUODCUMQUE LIGAVERIS SUPER TERRAM, ERIT LIGATUM ET IN COELIS, ET QUODCUMQUE SOLVERIS SUPER TERRAM, ERIT SOLUTUM ET IN COELIS

Was du auf Erden binden wirst, das wird auch im Himmel gebunden sein, und was du auf Erden lösen wirst, das wird auch im Himmel gelöst sein.

Rechtes Seitenschiff (Mt 16,16–17):
O PETRE, DIXISTI: TU ES CHRISTUS, FILIUS DEI VIVI, AIT JESUS: BEATUS ES SIMON BAR JONA, QUIA CARO ET SANGUIS NON REVELAVIT TIBI

Du, Petrus, hast gesagt: Du bist Christus, der Sohn des lebendigen Gottes. Jesus sagte: Selig bist du, Simon, Sohn des Jona, denn nicht Fleisch und Blut haben dir das offenbart.

Linkes Seitenschiff (Joh 21,17):
DICIT TER TIBI, PETRE, JESUS: DILIGIS ME? CUI TER, O ELECTE, RESPONDENS AIS: O DOMINE, TU OMNIA NOSTI, TU SCIS QUIA AMO TE

Dreimal fragte dich, Petrus, Jesus: Liebst du mich? Dreimal, Erwählter, hast du als Antwort gesagt: O Herr, du weißt alles, du weißt, dass ich dich lieb habe.

Über dem Veronikapfeiler:
HINC UNA FIDES – Von hier aus ein Glaube

Über dem Helenapfeiler:
MUNDO REFULGET – der Welt leuchtet.

Über dem Longinuspfeiler:
HINC SACERDOTII – Von hier aus des Priestertums

Über dem Andreaspfeiler:
UNITAS EXORITUR – Einheit geht hervor.

In der Apsis/Tribuna (Text auf der linken Seite lateinisch, auf der rechten Seite griechisch):

O PASTOR ECCLESIAE TU OMNES CHRISTI PASCIS AGNOS ET OVES SU BOSKEIS TA ARNIA SU POIMAINEIS TA PROBATIA CRISTOU

O Hirt der Kirche, du weidest alle Lämmer und Schafe.

Im Kuppelarchitrav (Mt 16,18 f.):

TU ES PETRUS ET SUPER HANC PETRAM AEDIFICABO ECCLESIAM MEAM ET TIBI DABO CLAVES REGNI CAELORUM

Du bist Petrus und auf diesen Felsen werde ich meine Kirche bauen. Ich werde dir die Schlüssel des Himmelreichs geben.

11.7 Darstellungen der Tugenden in der Basilika

Über den Bögen, durch die man vom Hauptschiff in die Seitenkapellen geht, sind an jedem Bogen oben je zwei Tugenden dargestellt; sie wurden zwischen 1599 und 1649 nach Entwürfen von Bernini dort angebracht. Jede Statue misst 6 m. Tugenden sind hilfreiche Wegmarken zu gutem und gelingendem Leben. Sie verleihen dem Menschen die Fähigkeit, das erkannte Gute zu tun.

Durch „Einübung" der Tugenden kommt es im Menschen zu Grundhaltungen, die beim jeweiligen Tun aktiviert werden. Tugenden helfen so den Menschen auf ihrem Lebensweg. Diese Überlegungen zeigen die große Bedeutung der Tugenden für christliches Leben.

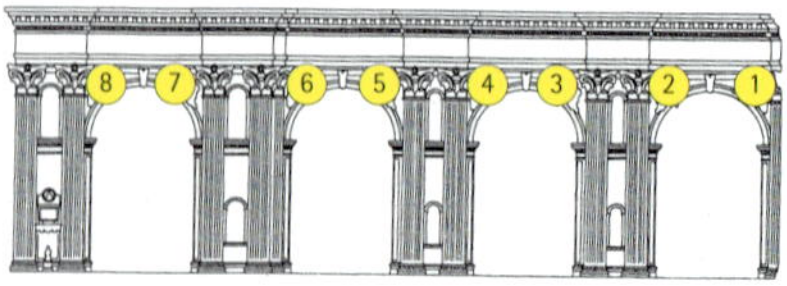

Nordseite:
Kapelle der Pietà
1 Stärke
2 Barmherzigkeit
Kapelle des hl. Sebastian
3 Standhaftigkeit
4 Milde
Sakramentskapelle
5 Friede
6 Unschuld
Gregorianische Kapelle
7 Glaube
8 Liebe

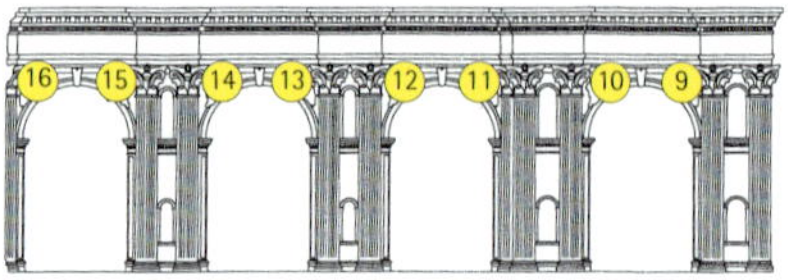

Südseite:
Clementinische Kapelle
9 Stärke
10 Gerechtigkeit
Chorkapelle
11 Geduld
12 Demut
Kapelle der Darstellung Mariens
13 Gehorsam
14 Jungfräulichkeit
Taufkapelle
15 Göttliche Gerechtigkeit
16 Kirchliche Autorität

11.8 Die Portale

Portale in Kirchen haben eine besondere Bedeutung, sie trennen den weltlichen vom geistlichen Raum. Wer durch sie hindurchgeht, soll sich bewusst sein, dass er „heiligen Boden" betritt.

Die Vielfalt der in den Portalen dargestellten Begebenheiten verdient eine ausführlichere Würdigung, damit der Betrachter es leichter hat.

Pforte des Todes

Der Name des Portals geht darauf zurück, dass früher Tote nach dem Requiem durch diese Tür aus der Basilika getragen wurden.

Künstler: Giacomo Manzù (1964), der mit Papst Johannes XXIII. befreundet war.

Sponsor: Georg von Wittelsbach († 1943)

1 Tod Mariens – Aufnahme Mariens in den Himmel
2 Tod Christi am Kreuz – Kreuzabnahme
3 Weinranken
4 Ährenbündel
5 Tod Abels
6 Tod des hl. Josef. Das angegebene Datum (3.6.63) links unten erinnert an den Tod Johannes' XXIII. an diesem Tag, an dem Manzù dieses Relief bearbeitet hat.
7 Tod durch Gewalt
8 Tod Johannes' XXIII. Rechts oben Erinnerung an die am 11.4.1963 veröffentlichte Enzyklika „Pacem in terris".
9 Tod des Märtyrers Stefanus
10 Tod Gregors VII. im Exil in Salerno
11 Tod in der Luft
12 Tod auf Erden
A–F: „Tiere der Nacht":
A Taube, B Siebenschläfer, C Igel,
D Kauz, E Schildkröte mit Schlange,
F Rabe

Pforte des Guten und des Bösen

Künstler: Luciano Minguzzi (1977); gestiftet aus Anlass des 80. Geburtstags von Paul VI.

1 Die hll. Vitalis und Agricola
2 Der hl. Augustinus bekämpft Irrlehren
3 Ein Falke schlägt eine Taube
4 Ein Taubenpaar im Nest
5 Kreuzigung des hl. Andreas
6 Verschleppung eines Sklaven
7 Johannes der Täufer tauft einen Einsiedler
8 Ein schwarzer Bischof reicht einem deutschen Soldaten die Kommunion
9 Das Heer der Märtyrer
10 Das Zweite Vatikanische Konzil
11 Kain und Abel
12 Der reumütige Schächer
13 Der von den Toten auferweckte Lazarus
14 Tobias mit dem Engel

Hauptportal

Das Portal schuf im Auftrag des Papstes Eugen IV. Antonio Filarete; es wurde 1455 fertiggestellt. Das Portal ist „Kirchengeschichte in Bronze". Leider hat der hier thematisierte Beschluss des Konzils zur Einheit zwischen Ost- und Westkirche nicht gehalten.

A Wappen des Papstes
B Päpstliche Insignien
1 Christus als Erlöser auf dem Thron. Buchinschrift: „Ego sum lux mundi et via veritatis – Ich bin das Licht der Welt und der Weg der Wahrheit."
2 Maria Verkündigung. Im Heiligenschein steht der Text: „Esulta piena di Grazia, Maria, il Signore con te – Freu dich, Maria, voll der Gnade, der Herr ist mit dir."
3 Hl. Paulus

4 Der hl. Petrus übergibt die Schlüssel an Papst Eugen IV.
5 Martyrium des hl. Paulus
5b Selbstportrait des Filarete
6 Martyrium des hl. Petrus
6b Selbstportrait des Filarete
7 Abreise des Kaisers Johannes Paleologus aus Konstantinopel zur Teilnahme am Konzil in Ferrara und Begegnung mit Papst Eugen IV.
8 Sitzung des Konzils von Florenz, wohin das Konzil aus Ferrara verlegt worden ist. Einschiffung der byzantinischen Delegation in Venedig zur Rückreise nach Byzanz.
9 Krönung des Kaisers Sigismund und Ehrenritt zur Engelsburg (1433)
10 Abt Andreas empfängt in Florenz die Urkunde der Einheit der (Ost- und West-)Kirchen; Ankunft der Delegation in Rom 1441.
11 Selbstportrait des Filarete

Portal der Sakramente: Ausschnitt Ehe

Pforte der Sakramente

Künstler: Venanzo Crocetti (1965)
Sponsor: Georg von Wittelsbach († 1943)

1 Verkündigung der Sakramente an die Menschheit
2 Taufe
3 Firmung
4 Buße
5 Kommunion
6 Ehe
7 Priesterweihe
8 Krankensalbung

Heilige Pforte

Künstler: Vico Consorti; Entwurf: Ludwig Kaas von der Fabbrica di San Pietro. Das Portal stiftete die Diözese Basel zum Dank für die Verschonung der Schweiz im Zweiten Weltkrieg. Das Portal stellt „Heilsgeschichte in Bronze" dar.

1 Ein Engel an der Pforte des Paradieses
2 Vertreibung von Adam und Eva aus dem Paradies. Inschrift: Quod Heva tristis abstulit – Was die unglückliche Eva genommen hat
3 Verkündigung an Maria. Inschrift: Tu reddis almo germine – Gibst du in deinem Sohn zurück.
4 Engel der Verkündigung
5 Taufe Jesu im Jordan. Inschrift: Tu venis ad me? – Du kommst zu mir?
6 Das verlorene Schaf. Inschrift: Salvare quod perierat – Retten, was verloren ging.
7 Der barmherzige Vater empfängt den verlorenen Sohn. Inschrift: Pater, peccavi in coelum et coram te – Vater, ich habe gegen den Himmel und gegen dich gesündigt.
8 Heilung des Gelähmten. Inschrift: Tolle grabatum tuum et ambula – Nimm dein Bett und geh.
9 Maria Magdalena wäscht mit ihren Tränen die Füße Jesu. Inschrift: Remittuntur ei peccata multa – Ihr werden viele Sünden vergeben.
10 Pflicht zur Vergebung: Petrus fragt, wie oft man vergeben müsse. Inschrift: Septagies septies – Sieben mal siebzig Mal.
11 Petrus verleugnet Jesus. Inschrift: Conversus dominus respexit Petrum – Der Herr schaute um und erblickte Petrus.
12 Der reuige Schächer am Kreuz. Inschrift: Hodie mecum eris in Paradiso – Heute noch wirst du mit mir im Paradies sein.
13 Der ungläubige Thomas: Inschrift: Beati qui crediderunt – Selig, die geglaubt haben.
14 Erscheinung des Auferstandenen im Abendmahlssaal. Inschrift: Accipite spiritum sanctum – Empfanget den Heiligen Geist.
15 Der Auferstandene erscheint dem Saulus. Inschrift: Sum Jesus quem tu persequeris – Ich bin Jesus, den du verfolgst.
16 Öffnung der Heiligen Pforte (Weihnachten 1949). Inschrift: Sto ad ostium et pulso – Ich stehe an der Tür und klopfe an.

In den Feldern zwischen den einzelnen Darstellungen sind die Wappen derjenigen Päpste angebracht, in deren Pontifikat ein Heiliges Jahr begangen wurde, beginnend mit Bonifaz VIII. (1300) bis Johannes Paul II. (2000).

11.9 Schema des Aufbaus der Basilika: Basilika, Unterkirche, Nekropole (Scavi)

Die Basilika wurde über dem Grab des hl. Petrus erbaut. Der hier gezeigte Längsschnitt von West nach Ost zeigt die Zusammengehörigkeit von Nekropole, Unterkirche und Basilika. Zur besseren Orientierung einige Hinweise:

A. Basilika: 2 Papstaltar; 3 Baldachin; 4 Bronzestatue des hl. Petrus.

B. Unterkirche: (Grotten:) 1 Grab des hl. Petrus; 5 Grab Pius XII.; 6 Clementinische Kapelle; 7 Confessio; 8 Grab von Benedikt XVI.; 9 Grab Johannes Paul I.; 10 Grab Paul VI.

C. Nekropole: Ehemals Friedhof mit Mausoleen (Grabkammern).

Blick auf St. Peter von Südwesten

12. Praktische Hinweise

Rund um St. Peter bieten sich zahlreiche Einkaufsmöglichkeiten für Devotionalien oder Bücher. Auf der linken Seite (mit Blick auf die Basilika) gibt es Toiletten (ebenso rechts hinter den Kolonnaden und behindertengerechte an der Nordseite der Basilika). Postämter sind ebenfalls auf der linken Seite und rechts hinter den Kolonnaden. Das Informationsbüro befindet sich auf der linken Seite. Dort erfahren Sie auch, ob und wann eine Besichtigung der Vatikanischen Gärten – nur mit Führung – möglich ist. Zugang zu den Gärten erhält man durch den Eingang der Vatikanischen Museen.

Karten zur Audienz oder zu Gottesdiensten des Papstes erhalten Sie bei der Präfektur des Heiligen Stuhles. Der Zugang erfolgt durch das Portone di Bronzo am Ende der nördlichen Kolonnaden.

In der Sakristei von St. Peter findet der Priester alles, was er für die Messfeier braucht. Der Zugang zur Sakristei befindet sich im linken Seitenschiff der Basilika (28).

Wer in die Basilika oder auf die Peterskuppel will, wird – wie an Flughäfen – einer genauen Personen- und Gepäckkontrolle unterzogen. Dies gilt auch bei Veranstaltungen auf dem Petersplatz, bei Gottesdiensten oder bei einer Papstaudienz. Kalkulieren Sie diese Kontrollen bei Ihren zeitlichen Planungen mit ein und lassen Sie gefährlich erscheinende Gegenstände (z. B. Messer) in Ihrem Quartier, sie werden Ihnen bei der Kontrolle abgenommen. Größere Gepäckstücke, wie z. B. Rucksäcke, müssen in der Gepäckaufbewahrung (rechts beim Zugang zur Basilika unter der Vorhalle; gratis) abgegeben werden.

Weitere aktuelle Informationen (Öffnungszeiten der Basilika; Zugang zur Schatzkammer; Besuche der Unterkirche und der Scavi; Besichtigung der Vatikanischen Museen, Aufstieg zur Kuppel, Rundgang in den Gärten mit Angaben der Eintrittspreise) können Sie dem Internet entnehmen.

13. Vorschlag zur Führung in St. Peter

Die folgenden Empfehlungen orientieren sich am Text dieser Broschüre.

Der hier skizzierte Rundgang kann, je nach Zeit, gekürzt oder ausgedehnt werden. Deshalb sind bei den jeweiligen „Stationen" Zeitangaben als Schätzwerte eingefügt. Die Ziffern beziehen sich auf den Text dieser Handreichung.

Nr.	Thema – Inhalt	Minuten
-	Einführung – Petersplatz	15
-	Vorhalle	10
11	Porphyrplatte – „Einschauen"	5
14	Grabmal der Stuarts	2
17	Kapelle „Darstellung Mariens"	5
20	Grabmal Innozenz VIII.	3
25	Altar Verklärung Christi von Raffael	2
27	Grabmal Pius VII.	2
28	Tür zur Sakristei und Schatzkammer	2
35	Denkmal Alexander VII.	3
38	Altar Leo d. Gr.	3
42/43	Cathedra Petri und Apsis-Glorie	5
45	Grabmal Urban VIII.	2
49	Altar der hl. Petronilla	3
51	Navicella-Altar	2
52	Grabmal Clemens XIII.	2
60	Altar Kommunion des hl. Hieronymus	2
61	Grabmal Gregor XIII.	3
64	Grabmal für Markgräfin Mathilde	2
66	Sebastians-Kapelle	5
69	Grabmal für Christine von Schweden	3
72	Kapelle Pietà von Michelangelo	5
	Mittelschiff – Einführung	5
74	Petrus-Statue – Mosaik Pius IX.	3
75/76	Kuppelraum	5
77/78	Kuppelpfeiler	8
79	Hochaltar	3
80	Baldachin	3
81	Confessio	3
5, 6 10, 17 19 d, 20	**Unterkirche:** Petrus-Kapelle – Grab Pius XII. – Blick in Confessio mit Pallienbehältnis – Gräber Pius XI., Johannes Paul I., Paul VI., Benedikt XVI.	15
		ca. 130

14. Plan der Basilika

1. Relief „Schlüsselübergabe"
2. Reiterstatue Kaiser Konstantin
3. Reiterstatue Kaiser Karl d. Gr.
4. Mosaik „Navicella"
5. Hauptportal
6. Pforte des Guten und Bösen
7. Pforte des Todes
8. Pforte der Sieben Sakramente
9. Heilige Pforte
10. Steinplatte Bulle 1300
11. Porphyrplatte
12. Weihwasserbecken
13. Taufkapelle
14. Denkmal der Stuarts
15. Denkmal für Maria Clementina Sobieska
16. Wendeltreppe und (alter) Aufzug zum Dach
17. Kapelle „Darstellung Mariens im Tempel"
18. Grabmal Papst Benedikt XV.
19. Denkmal Johannes XXIII.
20. Grabmal Innozenz VIII.
21. Denkmal Pius X.
22. Chorkapelle
23. Denkmal Innozenz XI.
24. Grabmal Leo XI.
25. Altar „Verklärung Jesu"
26. Gregor-Altar
27. Denkmal Pius VII.
28. Eingang zur Sakristei und zur Schatzkammer
29. Denkmal Pius VIII.
30. Altar der „Lüge"
31. Josefs-Altar
32. Petrus-Altar
33. Thomas-Altar
34. Herz-Jesu-Altar
35. Denkmal Alexander VII.
36. Pforte der Gebete
37. Altar der Madonna an der Säule
38. Altar Leo d. Gr.
39. Grabplatte Leo XII.
40. Altar „Petrus heilt Kranke"
41. Grabmal Alexander VIII.
42. Cathedra Petri
43. Apsis-Glorie
44. Denkmal Paul III.
45. Grabmal Urban VIII.
46. Grabmal Clemens X.
47. Altar „Petrus erweckt Tabita"
48. Grabstätten Sixtus IV. und Julius II.
49. Petronilla-Altar
50. Michaels-Altar
51. Navicella-Altar
52. Grabmal Clemens XIII.
53. Erasmus-Altar
54. Altar der hll. Processus u. Martinianus
55. Wenzeslaus-Altar
56. Grabmal Benedikt XIV.
57. Basilius-Altar
58. Altar der Madonna von der immerwährenden Hilfe
59. Grabmal Gregor XVI.
60. Altar „Letzte Kommunion des hl. Hieronymus"
61. Grabmal Gregor XIII.
62. Grabmal Gregor XIV.
63. Sakramentskapelle
64. Denkmal Mathilde von Tuszien
65. Grabmal Innozenz XII.
66. Kapelle des hl. Sebastian
67. Statue Pius XI.
68. Statue Pius XII.
69. Denkmal Christine von Schweden
70. Denkmal Leo XII.
71. Kreuzkapelle
72. Kapelle der Pietà von Michelangelo
73. Innenseite der Heiligen Pforte, darüber Mosaik des hl. Petrus
74. Bronzestatue des hl. Petrus
75. Statue des hl. Longinus
76. Statue der hl. Helena
77. Statue der hl. Veronika
78. Statue des hl. Andreas
79. Hochaltar
80. Baldachin
81. Confessio

Plan für den Rundgang durch die Basilika

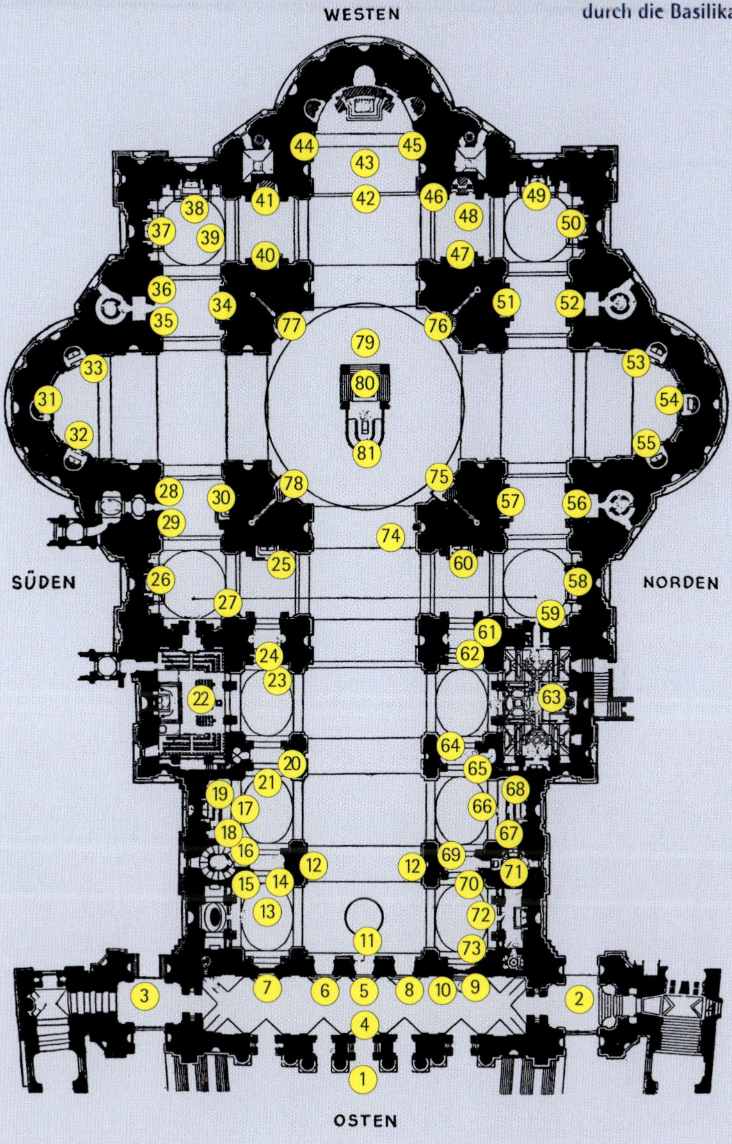

15. Plan der Unterkirche

1. Longinus-Kapelle
2. Kapelle der Patrone Europas
3. Polnische Kapelle
4. Irische Kapelle
5. Petrus-Kapelle
6. Grab Pius XII.
7. Kapelle S. Maria Bocciata
8. Kapelle der Madonna delle Partorienti
9. Grab Benedikt XII.
10. Grab Pius XI.
11. Grab Kardinal Merry del Val
12. Grab der Stuarts
13. Grab Hadrian IV.
14. Grab Gregor V.
15. Grab Julius III. – Kaiser Otto II.
15 a. Mosaik 10. Jh.
16. Grab Pius VI.
17. Bis Juni 2001 war hier das Grab Johannes´ XXIII., dessen Leichnam jetzt in der Basilika liegt (Nr. 60). Am 8. April 2005 wurde Johannes Paul II. hier beigesetzt. Nach seiner Seligsprechung (1. Mai 2011) wurde sein Leichnam in die Sebastianskapelle der Basilika übertragen (Nr. 66). Am 5. Januar 2023 wurde Benedikt XVI. hier begraben.
18. Grab Christine von Schweden
19. Grab Charlotte von Savoyen
19 a. Grab Benedikt XV.
19 b. Grab Innozenz IX.
19 c. Grab Marcellus II.
19 d. Grab Johannes Paul I.
20. Grab Paul VI.
21. Saal der Inschriften
22. Grab Nikolaus V.
22 a. Grab Paul II.
22 b. Grab Innozenz VII.
23. Grab Bonifaz VIII.
24. Grab Nikolaus III.
24 a. Statue Pius VI.
25.–30. Säle mit Grabplatten und Skulpturen, zugänglich über die „Scavi" (Ausgrabungen, auch Ausgang aus der Unterkirche)
31. Grab Calixtus III.
32. Säulen- und Mauerreste aus der alten Basilika
33. Petrus-Statue

Statue des hl. Petrus auf dem Petersplatz

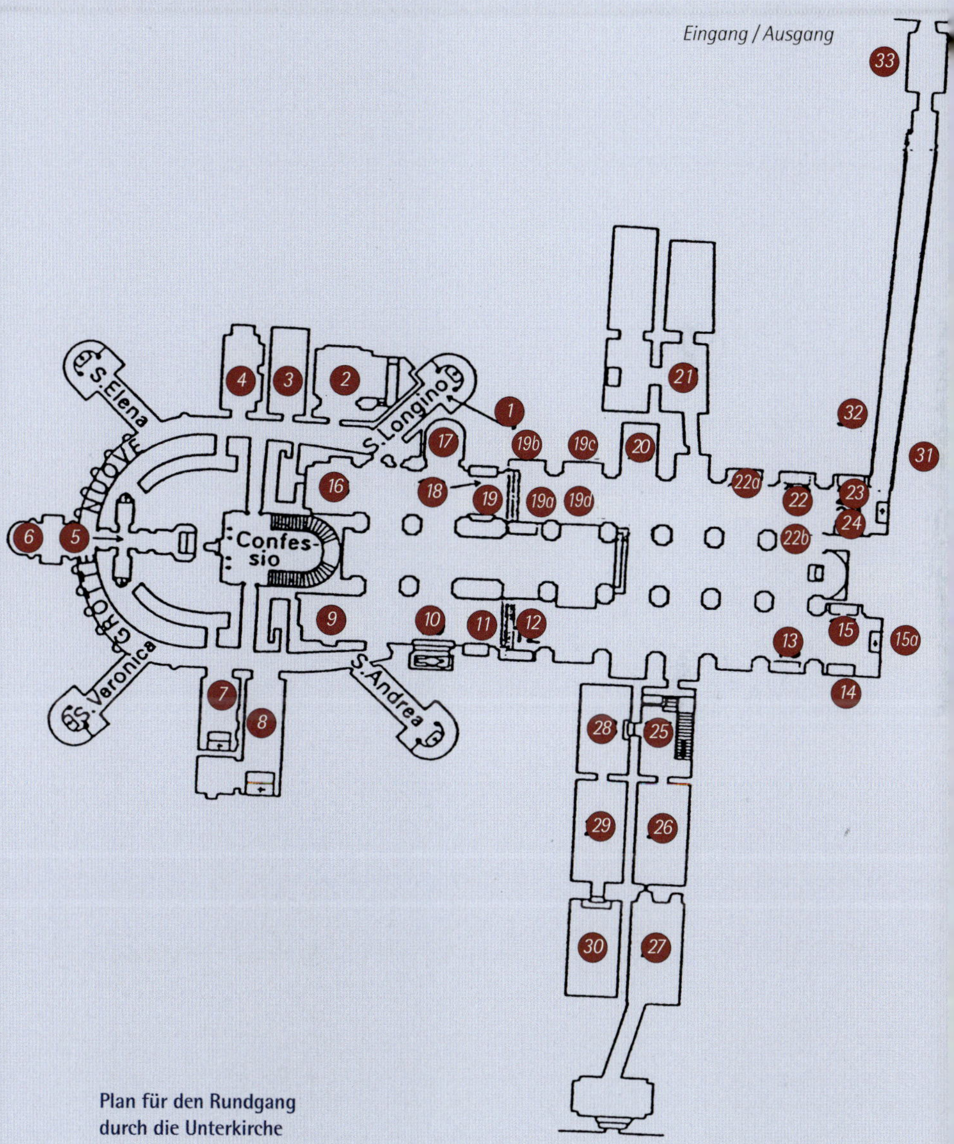

Plan für den Rundgang
durch die Unterkirche

16. Verzeichnis der Päpste Chronologisch

Petrus	(–64)
Linus	(67–76)
Cletus	(76–88)
Clemens	(88–97)
Evaristus	(97–105)
Alexander I.	(105–115)
Sixtus I.	(115–125)
Telesphorus	(125–136)
Hyginus	(136–140)
Pius I.	(140–155)
Anicetus	(155–166)
Soter	(166–175)
Eleutherus	(175–189)
Victor I.	(189–199)
Zephyrinus	(199–217)
Calixtus I.	(217–222)
Urban I.	(222–230)
Pontianus	(230–235)
Anterus	(235–236)
Fabian	(236–250)
Cornelius	(251–253)
Lucius I.	(253–254)
Stephan I.	(254–257)
Sixtus II.	(257–258)
Dionysius	(259–268)
Felix I.	(269–274)
Eutychianus	(275–283)
Cajus	(283–296)
Marcellinus	(296–304)
Marcellus I.	(307–308)
Eusebius	(308–309)
Miltiades	(310–314)
Silvester I.	(314–335)
Markus	(336)
Julius I.	(337–352)
Liberius	(352–366)
Damasus I.	(366–384)
Siricius	(384–399)
Anastasius I.	(399–401)
Innozenz I.	(401–417)
Zosimus	(417–418)
Bonifaz I.	(418–422)
Coelestin I.	(422–432)

Sixtus III.	(432–440)
Leo I. d. Gr.	(440–461)
Hilarus	(461–468)
Simplicius	(468–483)
Felix II.	(483–492)
Gelasius I.	(492–496)
Anastasius II.	(496–498)
Symmachus	(498–514)
Hormisdas	(514–523)
Johannes I.	(523–526)
Felix III.	(526–530)
Bonifaz II.	(530–532)
Johannes II.	(533–535)
Agapet I.	(535–536)
Silverius	(536–537)
Vigilius	(537–555)
Pelagius I.	(556–561)
Johannes III.	(561–574)
Benedikt I.	(575–579)
Pelagius II.	(579–590)
Gregor I. d. Gr.	(590–604)
Sabinian	(604–606)
Bonifaz III.	(606–607)
Bonifaz IV.	(608–615)
Adeodatus I.	(615–618)
Bonifaz V.	(619–625)
Honorius I.	(625–638)
Severinus	(638–640)
Johannes IV.	(640–642)
Theodor I.	(642–649)
Martin I.	(649–655)
Eugen I.	(654–657)
Vitalian	(657–672)
Adeodatus II.	(672–676)
Donus	(676–678)
Agatho	(678–681)
Leo II.	(682–683)
Benedikt II.	(683–685)
Johannes V.	(685–686)
Konon	(686–687)
Sergius I.	(687–701)
Johannes VI.	(701–705)
Johannes VII.	(705–707)

Sisinnius	(708)
Constantin I.	(708–715)
Gregor II.	(715–731)
Gregor III.	(731–741)
Zacharias	(741–752)
Stephan II.	(752–757)
Paul I.	(757–767)
Stephan III.	(768–772)
Hadrian I.	(772–795)
Leo III.	(795–816)
Stephan IV.	(816–817)
Paschalis I.	(817–824)
Eugen II.	(824–827)
Valentin	(827)
Gregor IV.	(827–844)
Sergius II.	(844–847)
Leo IV.	(847–855)
Benedikt III.	(855–858)
Nikolaus I.	(858–867)
Hadrian II.	(867–872)
Johannes VIII.	(872–882)
Marinus I.	(882–884)
Hadrian III.	(884–885)
Stephan V.	(885–891)
Formosus	(891–896)
Bonifaz VI.	(896)
Stephan VI.	(896–897)
Romanus	(897)
Theodor II.	(897)
Johannes IX.	(898–900)
Benedikt IV.	(900–903)
Leo V.	(903)
Sergius III.	(904–911)
Anastasius III.	(911–913)
Lando	(913–914)
Johannes X.	(914–928)
Leo VI.	(928)
Stephan VII.	(928–931)
Johannes XI.	(931–935)
Leo VII.	(936–939)
Stephan VIII.	(939–942)
Marinus II.	(942–946)
Agapet II.	(946–955)
Johannes XII.	(955–964)
Leo VIII.	(963–964)

Benedikt V.	(964)
Johannes XIII.	(965–972)
Benedikt VI.	(972–974)
Benedikt VII.	(974–983)
Johannes XIV.	(983–984)
Johannes XV.	(985–996)
Gregor V.	(996–999)
Silvester II.	(999–1003)
Johannes XVII.	(1003)
Johannes XVIII.	(1003–1009)
Sergius IV.	(1009–1012)
Benedikt VIII.	(1012-1024)
Johannes XIX.	(1024–1032)
Benedikt IX.	(1033–1044)
Silvester III.	(1045)
Gregor VI.	(1045–1046)
Clemens II.	(1046–1047)
Damasus II.	(1048)
Leo IX.	(1049–1054)
Victor II.	(1055-1057)
Stephan IX.	(1057–1058)
Benedikt X.	(1058–1059)
Nikolaus II.	(1059-1061)
Alexander II.	(1061–1073)
Gregor VII.	(1073–1085)
Victor III.	(1086–1087)
Urban II.	(1088–1099)
Paschalis II.	(1099–1118)
Gelasius II.	(1118–1119)
Calixtus II.	(1119–1124)
Honorius II.	(1124-1130)
Innozenz II.	(1130–1143)
Coelestin II.	(1143–1144)
Lucius II.	(1144–1145)
Eugen III.	(1145–1153)
Anastasius IV.	(1153–1154)
Hadrian IV.	(1154–1159)
Alexander III.	(1159–1181)
Lucius III.	(1181–1185)
Urban III.	(1185–1187)
Gregor VIII.	(1187)
Clemens III.	(1187–1191)
Coelestin III.	(1191–1198)
Innozenz III.	(1198–1216)
Honorius III.	(1216–1227)
Gregor IX.	(1227–1241)
Coelestin IV.	(1241)
Innozenz IV.	(1243–1254)
Alexander IV.	(1254–1261)
Urban IV.	(1261–1264)
Clemens IV.	(1265–1268)
Gregor X.	(1271-1276)
Innozenz V.	(1276)
Hadrian V.	(1276)
Johannes XXI.	(1276–1277)
Nikolaus III.	(1277–1280)
Martin IV.	(1281–1285)
Honorius IV.	(1285–1287)
Nikolaus IV.	(1288–1292)
Coelestin V.	(1294)
Bonifaz VIII.	(1294–1303)
Benedikt XI.	(1303–1304)
Clemens V.	(1305–1314)
Johannes XXII.	(1316–1334)
Benedikt XII.	(1334–1342)
Clemens VI.	(1342–1352)
Innozenz VI.	(1352–1362)
Urban V.	(1362-1370)
Gregor XI.	(1370–1378)
Urban VI.	(1378–1389)
Bonifaz IX.	(1389–1404)
Innozenz VII.	(1404–1406)
Gregor XII.	(1406-1415)
Martin V.	(1417–1431)
Eugen IV.	(1431–1447)
Nikolaus V.	(1447–1455)
Calixtus III.	(1455–1458)
Pius II.	(1458–1464)
Paul II.	(1464–1471)
Sixtus IV.	(1471–1484)
Innozenz VIII.	(1484–1492)
Alexander VI.	(1492–1503)
Pius III.	(1503)
Julius II.	(1503–1513)
Leo X.	(1513–1521)
Hadrian VI.	(1522–1523)
Clemens VII.	(1523–1534)
Paul III.	(1534–1549)
Julius III.	(1550–1555)
Marcellus II.	(1555)
Paul IV.	(1555–1559)
Pius IV.	(1559–1565)
Pius V.	(1566–1572)
Gregor XIII.	(1572–1585)
Sixtus V.	(1585–1590)
Urban VII.	(1590)
Gregor XIV.	(1590–1591)
Innozenz IX.	(1591)
Clemens VIII.	(1592–1605)
Leo XI.	(1605)
Paul V.	(1605–1621)
Gregor XV.	(1621–1623)
Urban VIII.	(1623–1644)
Innozenz X.	(1644–1655)
Alexander VII.	(1655–1667)
Clemens IX.	(1667–1669)
Clemens X.	(1670–1676)
Innozenz XI.	(1676–1689)
Alexander VIII.	(1689–1691)
Innozenz XII.	(1691–1700)
Clemens XI.	(1700–1721)
Innozenz XIII.	(1721–1724)
Benedikt XIII.	(1724–1730)
Clemens XII.	(1730–1740)
Benedikt XIV.	(1740–1758)
Clemens XIII.	(1758–1769)
Clemens XIV.	(1769–1774)
Pius VI.	(1775–1799)
Pius VII.	(1800–1823)
Leo XII.	(1823–1829)
Pius VIII.	(1829–1830)
Gregor XVI.	(1831–1846)
Pius IX.	(1846–1878)
Leo XIII.	(1878–1903)
Pius X.	(1903–1914)
Benedikt XV.	(1914–1922)
Pius XI.	(1922–1939)
Pius XII.	(1939–1958)
Johannes XXIII.	(1958–1963)
Paul VI.	(1963–1978)
Johannes Paul I.	(1978)
Johannes Paul II.	(1978– 2005)
Benedikt XVI.	(2005–2013; † 2022)
Franziskus	(seit 2013)

Verzeichnis der Päpste Alphabetisch

Adeodatus I.	(615–618)
Adeodatus II.	(672–676)
Agapet I.	(535–536)
Agapet II.	(946–955)
Agatho	(678–681)
Alexander I.	(105–115)
Alexander II.	(1061–1073)
Alexander III.	(1159–1181)
Alexander IV.	(1254–1261)
Alexander VI.	(1492–1503)
Alexander VII.	(1655–1667)
Alexander VIII.	(1689–1691)
Anastasius I.	(399–401)
Anastasius II.	(496–498)
Anastasius III.	(911–913)
Anastasius IV.	(1153–1154)
Anicetus	(155–166)
Anterus	(235–236)
Benedikt I.	(575–579)
Benedikt II.	(683–685)
Benedikt III.	(855–858)
Benedikt IV.	(900–903)
Benedikt V.	(964)
Benedikt VI.	(972–974)
Benedikt VII.	(974–983)
Benedikt VIII.	(1012–1024)
Benedikt IX.	(1033–1044)
Benedikt X.	(1058–1059)
Benedikt XI.	(1303–1304)
Benedikt XII.	(1334–1342)
Benedikt XIII.	(1724–1730)
Benedikt XIV.	(1740–1758)
Benedikt XV.	(1914–1922)
Benedikt XVI.	(2005–2013; † 2022)
Bonifaz I.	(418–422)
Bonifaz II.	(530–532)
Bonifaz III.	(607–607)
Bonifaz IV.	(608–615)
Bonifaz V.	(619–625)
Bonifaz VI.	(896)
Bonifaz VIII.	(1294–1303)
Bonifaz IX.	(1389–1404)
Cajus	(283–296)
Calixtus I.	(217–222)
Calixtus II.	(1119–1124)
Calixtus III.	(1455–1458)
Clemens I.	(88–97)
Clemens II.	(1046–1047)
Clemens III.	(1187–1191)
Clemens IV.	(1265–1268)
Clemens V.	(1305–1314)
Clemens VI.	(1342–1352)
Clemens VII.	(1523–1534)
Clemens VIII.	(1592–1605)
Clemens IX.	(1667–1669)
Clemens X.	(1670–1676)
Clemens XI.	(1700–1721)
Clemens XII.	(1730–1740)
Clemens XIII.	(1758–1769)
Clemens XIV.	(1769–1774)
Cletus	(76–88)
Coelestin I.	(422–432)
Coelestin II.	(1143–1144)
Coelestin III.	(1191–1198)
Coelestin IV.	(1241)
Coelestin V.	(1294)
Constantin	(708–715)
Cornelius	(251–253)
Damasus I.	(366–384)
Damasus II.	(1048–1048)
Dionysius	(259–268)
Donus	(676–678)
Eleutherus	(175–189)
Eugen I.	(654–657)
Eugen II.	(824–827)
Eugen III.	(1145–1153)
Eugen IV.	(1431–1447)
Eusebius	(308–309)
Eutychianus	(275–283)
Evaristus	(97–105)
Fabian	(236–250)
Felix I.	(269–274)
Felix II.	(483–492)
Felix III.	(526–530)
Formosus	(891–896)
Franziskus	(seit 2013)
Gelasius I.	(492–496)
Gelasius II.	(1118–1119)
Gregor I. d. Gr.	(590–604)
Gregor II.	(715–731)
Gregor III.	(731–741)
Gregor IV.	(827–844)
Gregor V.	(996–999)
Gregor VI.	(1045–1046)
Gregor VII.	(1073–1085)
Gregor VIII.	(1187)
Gregor IX.	(1227–1241)
Gregor X.	(1271–1276)
Gregor XI.	(1370–1378)
Gregor XII.	(1406–1415)
Gregor XIII.	(1572–1585)
Gregor XIV.	(1590–1591)
Gregor XV.	(1621–1623)
Gregor XVI.	(1834–1846)
Hadrian I.	(772–795)
Hadrian II.	(867–872)
Hadrian III.	(884–885)
Hadrian IV.	(1154–1159)
Hadrian V.	(1276)
Hadrian VI.	(1522–1523)
Hilarus	(461–468)
Honorius I.	(625–638)
Honorius II.	(1124–1130)
Honorius III.	(1216–1227)
Honorius IV.	(1285–1287)
Hormisdas	(514–523)
Hyginus	(136–140)
Innozenz I.	(401–417)
Innozenz II.	(1130–1143)
Innozenz III.	(1198–1216)
Innozenz IV.	(1243–1254)
Innozenz V.	(1276)
Innozenz VI.	(1352–1362)
Innozenz VII.	(1404–1406)
Innozenz VIII.	(1484–1492)
Innozenz IX.	(1591)
Innozenz X.	(1644–1655)
Innozenz XI.	(1676–1689)
Innozenz XII.	(1691–1700)
Innozenz XIII.	(1721–1724)
Johannes I.	(523–526)

Johannes II.	(533–535)
Johannes III.	(561–574)
Johannes IV.	(640–642)
Johannes V.	(685–686)
Johannes VI.	(701–705)
Johannes VII.	(705–707)
Johannes VIII.	(872–882)
Johannes IX.	(898–900)
Johannes X.	(914–928)
Johannes XI.	(931–935)
Johannes XII.	(955–964)
Johannes XIII.	(965–972)
Johannes XIV.	(983–984)
Johannes XV.	(985–996)
Johannes XVII.	(1003)
Johannes XVIII.	(1003–1009)
Johannes XIX.	(1024–1032)
Johannes XXI.	(1276–1277)
Johannes XXII.	(1316–1334)
Johannes XXIII.	(1958–1963)
Johannes Paul I.	(1978)
Johannes Paul II.	(1978–2005)
Julius I.	(337–352)
Julius II.	(1503–1513)
Julius III.	(1550–1555)
Konon	(686–687)
Lando	(913–914)
Leo I. d. Gr.	(440–461)
Leo II.	(682–683)
Leo III.	(795–816)
Leo IV.	(847–855)
Leo V.	(903)
Leo VI.	(928)
Leo VII.	(936–939)
Leo VIII.	(963–965)
Leo IX.	(1049–1054)
Leo X.	(1513–1521)
Leo XI.	(1605–1605)
Leo XII.	(1823–1829)
Leo XIII.	(1878–1903)
Liberius	(352 –366)
Linus	(67–76)
Lucius I.	(253–254)
Lucius II.	(1144–1145)
Lucius III.	(1181–1185)
Marcellinus	(296–304)
Marcellus I.	(307–308)
Marcellus II.	(1555)
Marinus I.	(882–884)
Marinus II.	(942–946)
Markus	(336)
Martin I.	(649–655)
Martin IV.	(1281–1285)
Martin V.	(1417–1431)
Miltiades	(310–314)
Nikolaus I.	(858–867)
Nikolaus II.	(1059–1061)
Nikolaus III.	(1277–1280)
Nikolaus IV.	(1288–1292)
Nikolaus V.	(1447–1455)
Paschalis I.	(817–824)
Paschalis II.	(1099–1118)
Paul I.	(757–767)
Paul II.	(1464–1471)
Paul III.	(1534–1549)
Paul IV.	(1555–1559)
Paul V.	(1605–1621)
Paul VI.	(1963–1978)
Pelagius I.	(556–561)
Pelagius II.	(579–590)
Petrus	(-64)
Pius I.	(140–155)
Pius II.	(1458–1464)
Pius III.	(1503)
Pius IV.	(1559–1565)
Pius V.	(1566–1572)
Pius VI.	(1775–1799)
Pius VII.	(1800–1823)
Pius VIII.	(1829–1830)
Pius IX.	(1846–1878)
Pius X.	(1903–1914)
Pius XI.	(1922–1939)
Pius XII.	(1939–1958)
Pontianus	(230–235)
Romanus	(897)
Sabinian	(604–606)
Sergius I.	(687–701)
Sergius II.	(844–847)
Sergius III.	(904–911)
Sergius IV.	(1009–1012)
Severinus	(638–640)
Silverius	(536–537)
Silvester I.	(314–335)
Silvester II.	(999–1003)
Silvester III.	(1045)
Simplicius	(468–483)
Siricius	(384–399)
Sisinnius	(708)
Sixtus I.	(115–125)
Sixtus II.	(257–258)
Sixtus III.	(432–440)
Sixtus IV.	(1471–1484)
Sixtus V.	(1585–1590)
Soter	(166-175)
Stephan I.	(254-257)
Stephan II.	(752-757)
Stephan III.	(768-772)
Stephan IV.	(816-817)
Stephan V.	(885-891)
Stephan VI.	(896-897)
Stephan VII.	(928-931)
Stephan VIII.	(939-942)
Stephan IX.	(1057-1058)
Symmachus	(498-514)
Telesphorus	(125-136)
Theodor I.	(642-649)
Theodor II.	(897)
Urban I.	(222-230)
Urban II.	(1088-1099)
Urban III.	(1185-1187)
Urban IV.	(1261-1264)
Urban V.	(1362-1370)
Urban VI.	(1378-1389)
Urban VII.	(1590)
Urban VIII.	(1623-1644)
Valentin	(827)
Victor I.	(189-199)
Victor II.	(1055 -1057)
Victor III.	(1086-1087)
Vigilius	(537-555)
Vitalian	(657-672)
Zacharias	(741-752)
Zephyrinus	(199-217)
Zosimus	(417-418)

17. Deutsche Päpste

Im Mittelalter wurden durch Vermittlung oder auf Wunsch der deutschen Könige/ Kaiser immer wieder Päpste bestimmt. Dies ist nur aus der damaligen Situation verständlich. Deutsche Herrscher wurden in Rom zum „Kaiser" gekrönt. Daraus resultierte eine besondere Verbindung und Verpflichtung gegenüber dem Heiligen Stuhl, die von den Deutschen wahrgenommen wurde. Des Öfteren kam es vor, dass eine Gesandtschaft aus Rom den deutschen Herrscher um Ernennung eines Papstes bat. Stimmten Volk und Klerus von Rom einer solchen Benennung zu, stand damit der neue Papst fest. Erst später wurden die Richtlinien für die Papstwahl durch die Päpste dergestalt festgelegt, dass der Papst von den Kardinälen zu wählen sei.

Aus diesen Gründen gab es im Mittelalter eine Reihe deutscher Päpste, auf die hier kurz eingegangen wird. Die „Liste" wird weitergeführt über Hadrian VI. bis zu Papst Benedikt XVI.

Gregor V. (996–999)

Otto III. ernannte ihn auf Bitten einer Gesandtschaft der römischen Granden zum Papst.

Gregor V. war der Sohn des Vetters von Otto III. von Kärnten. Unter Erzbischof Willigis aus Mainz genoss er eine vorzügliche Ausbildung. Volk und Klerus von Rom stimmten einmütig zu, obwohl der Benannte mit 24 Jahren (!) noch sehr jung war. 996 krönte er Otto III. zum römischen Kaiser.

Gregor V. war reformeifrig und streng. Er wollte die römischen Parteiungen überwinden, was ihm jedoch nicht gelang. Ein Aufstand, angeführt vom Geschlecht der Crescentier, brachte 997 mit Johannes XVI. einen Gegenpapst.

Gregor V. ist – ganz in der Nähe des Grabes von Otto II. – in St. Peter in der östlichen Unterkirche begraben. Dort wird vielleicht in absehbarer Zeit eine „Deutsche Kapelle" eingerichtet werden, die dann auch für Gottesdienste zur Verfügung steht.

Clemens II. (1046–1047)

Clemens II. wurde von Heinrich III. benannt und nach Zustimmung von Klerus und Volk in Rom zum Papst bestimmt. Vorher wirkte er als Bischof Suitger in Bamberg.

Clemens II. galt als reformeifrig. Auf einer Synode in Rom erließ er strenge Bestimmungen gegen Simonie (Ämterkauf). Er krönte Heinrich III. zum römischen Kaiser. Sein Grab befindet sich im Dom zu Bamberg.

Damasus II. (17.7.–9.8.1048)

Damasus II. wurde auf Bitten einer römischen Gesandtschaft an Weihnachten 1047 von Heinrich III. als Papst bezeichnet. Damasus konnte nicht unmittelbar nach seiner Bestimmung zum Papst nach Rom ziehen, da der abgesetzte „Papst" Benedikt IX. die Stadt besetzt hielt.

Damasus II. wirkte vor seiner Ernennung zum Papst als Reichsbischof Poppo in Brixen. Er stammte wohl aus fränkisch-bayerischem Geschlecht. Er war nur wenige Tage in Rom – der Hitze wegen verbrachte er die Tage in Palestrina, wo er einem Fieber erlag. Sein Grab befindet sich in San Lorenzo fuori le mura in Rom.

Leo IX. (1049–1054)

Leo IX. wurde 1002 in Egisheim (Pfalz) geboren. Er war ein Vetter des Kaisers Heinrich III. und stammte aus dem elsässischen Geschlecht der Grafen von Dagsberg und Egisheim. Schon in jungen Jahren wurde er Bischof von Toul. Leo wird als liebenswürdig und doch tatkräftig geschildert. Er gilt als einer der edelsten und ausgezeichnetsten Päpste. Seiner Ernennung zum Papst stimmte er nur unter der Bedingung zu, dass Klerus und Volk von Rom einverstanden sind. Leo zog reformeifrige Leute in die Leitung der Kirche nach Rom, so auch den Benediktinermönch Hildebrand (später Gregor VII.), den er zum Verwalter von St. Paul machte. Hildebrand war der cluniazensischen Reform zugetan. Zu diesem bedeutenden Reformkloster in Burgund hielt Leo gute Kontakte und führte die cluniazensische Reform in vielen Klöstern durch. Er berief eine Synode gegen Simonie und Priesterehe ein. Außerdem ernannte er Kardinalbischof Humbert zu seinem Ratgeber, den er 1054 als päpstlichen Legaten nach Konstantinopel schickte, um die Bannbulle zu überbringen. Humbert soll dort sehr forsch aufgetreten sein. Es kam zum Bruch zwischen den Kirchen von Rom und Konstantinopel. Da zum Zeitpunkt der Übergabe dieser Bulle Papst Leo IX. gestorben war, bestreiten manche, ob der Bann überhaupt gültig war (vgl. E. M. Jung-Inglessis, Kardinal Augustin Bea, St. Ottilien 1994, S. 149).

Als weltlicher Herrscher im Kirchenstaat hatte er keine glückliche Hand. Er geriet bei Kämpfen gegen die Normannen in Süditalien in deren Gefangenschaft, als 1053 das päpstliche Heer bei Civitate vernichtend geschlagen wurde.

Leo ist in St. Peter begraben (Nr. 32). Da während des Zweiten Vatikanischen Konzils der 900 Jahre alte Bann „Rom-Konstantinopel" aufgehoben wurde, legte der Metropolit Meliton zum Abschluss des Konzils 1965 neun Rosen an seinem Grab nieder, für jedes Bannjahrhundert eine Rose. Leo wird als Heiliger verehrt. Sein Fest wird am 19. April gefeiert.

Viktor II. (1055–1057)

Vor seiner Ernennung zum Papst war Viktor II. Bischof Gebhard von Eichstätt. Eine römische Delegation unter Leitung des Archidiakons Hildebrand erbat von Kaiser Heinrich III. die Benennung des Bischofs Gebhard zum Papst.

Viktor II. war ein Gegner der Normannenpolitik seines Vorgängers. Er arbeitete eifrig an der notwendigen Kirchenreform. Nach dem Tod Heinrichs III. (1056) war Viktor II. bis zur Wahl Heinrichs IV. zum König zugleich Reichsverweser. Viktor II. starb im Juli 1057 in Arezzo, wo er sich zu einer Synode aufhielt. Sein Grab befindet sich in Ravenna (S. Maria Rotonda/ Mausoleum Theodorichs).

Stephan IX. (1057–1058)

Stephan IX. war zunächst als Friedrich von Lothringen Abt des Benediktinerklosters Montecassino; in dieses Amt hatte ihn Viktor II., sein Vorgänger auf dem Papstthron, gebracht.

Stephan wurde in freier kanonischer Wahl zum Papst bestimmt. Die Reichsregentin Agnes (Witwe des Kaisers Heinrich III.) erteilte nachträglich die kaiserliche Anerkennung. Es hatte sich etwas Wesentliches in der Bestimmung des Papstes geändert: Zuerst erfolgte die Wahl, dann die Anerkennung durch den Kaiser! Stephan IX. berief Petrus Damiani zum Kardinal von Ostia. Der später heiliggesprochene Petrus Damiani war ein wichtiger Verbündeter bei der Reform der Kirche. Stephan IX. starb in Florenz, wo er in der Kirche S. Reparata begraben ist.

Nikolaus II. (1058–1061)

Nikolaus II. stammte aus Lothringen oder aus Burgund. Seit 1045 ist er als Bischof von Florenz bezeugt. Er wurde in Siena durch die Kardinäle zum Papst gewählt. Der schon mehrmals erwähnte Hildebrand war entscheidend an seiner Wahl beteiligt. In Rom herrschte allerdings gleichzeitig Benedikt X., den eine reformfeindliche Adelsgruppe auf den Stuhl Petri gehoben hatte. Benedikt X. ergriff jedoch die Flucht, sodass Nikolaus II. 1059 in Rom inthronisiert werden konnte.

Die führenden Persönlichkeiten dieses Pontifikates waren Hildebrand, den der Papst zum Archidiakon einsetzte, und der auch schon erwähnte Kardinal Humbert.

1059 wurde durch die Synode im Lateran ein Papstwahldekret beschlossen, das allein die Kardinäle zur Wahl des Papstes berechtigte. König, Klerus und Volk blieb lediglich das Recht der Zustimmung. Damit wurde dekretiert, was bei der Wahl von Stephan IX. bereits praktiziert worden war.

Nikolaus II. versöhnte sich nach Süden hin mit den Normannen: Herzog Guiskard wurde mit Apulien, Kalabrien und Sizilien belehnt. Reformgeist und päpstliche Autorität wurden gestärkt. Nikolaus II. verstarb in Florenz.

Hadrian VI. (1522–1523)
Hadrian VI. wurde 1459 in Utrecht geboren und lehrte von 1491–1507 als Professor für Theologie. 1507 wirkte er als Erzieher und Ratsmann Karls V. 1516 wurde er zum Bischof von Tortosa (Spanien) ernannt. Ein Jahr darauf war er Inquisitor von Aragon und Navarra, 1518 auch für Kastilien und Leon. 1517 zum Kardinal erhoben, wurde er 1522 in Abwesenheit zum Papst gewählt. Sein Lebenswandel galt als untadelig. 1523 wollte er die Herrscher Karl V. und Franz I. versöhnen. Deshalb gebot er ihnen unter Androhung der Exkommunikation einen Waffenstillstand – das ging den weltlichen Herrschern zu weit. Als Mittel gegen die lutherische Reformation sah er die Reform der Kirche. Zu spät bestieg er den päpstlichen Stuhl, um die Neuerungen zu bannen – zu früh starb er, um ihnen wirksam zu begegnen.

Von ihm stammt das Wort: „Wir alle, Prälaten und Geistliche, sind vom rechten Weg abgewichen".

Sein Grab ist in Rom in der deutschen Nationalkirche Santa Maria dell'Anima. An seinem Grab findet sich der berühmte Spruch: „Proh dolor quantum refert in quae tempora vel optimi cuiusq(ue) virtus incidat – Ach wie viel hängt doch davon ab, in welche Zeit auch des besten Mannes Wirken fällt!"

Benedikt XVI. (2005–2013, † 2022)
Joseph Kardinal Ratzinger wurde am 16.4.1927 in Marktl am Inn geboren. Er besuchte in Traunstein als Seminarist des Bischöflichen Studienseminars St. Michael die Oberschule. Nach dem Abitur studierte er von 1946–1951 Philosophie und Theologie in Freising und München. Nach der Priesterweihe im Jahre 1951 war Ratzinger einige Monate als Aushilfspriester in der Pfarrei St. Martin in München-Moosach tätig, dann 1951–1952 als Kaplan in der Pfarrei Heilig Blut in München-Bogenhausen. Von 1952–1954 wirkte er als Dozent am Erzbischöflichen Klerikalseminar in Freising. 1953 folgte die Promotion. Von 1954 bis 1957 arbeitete Ratzinger

als Dozent für Dogmatik und Fundamentaltheologie an der Philosophisch-Theologischen Hochschule in Freising. 1957 habilitierte er sich an der Ludwig-Maximilians-Universität in München. 1958 bis 1959 war Joseph Ratzinger außerordentlicher Professor für Dogmatik und Fundamentaltheologie in Freising. Es folgten Professuren für Dogmatik und Dogmengeschichte an den Universitäten Bonn (1959–1963), Münster (1963–1966), Tübingen (1966–1969) und Regensburg (1969–1977).

Am Zweiten Vatikanischen Konzil (1962–1965) nahm er als Berater von Kardinal Joseph Frings (Köln) und als Peritus (offizieller Konzilstheologe) teil.

Am 25.3.1977 wurde er zum Erzbischof von München und Freising ernannt, am 27.6.1977 von Paul VI. ins Kardinalskollegium aufgenommen. 1981 ernannte ihn Johannes Paul II. zum Präfekten der Katholischen Glaubenskongregation in Rom. Im Februar 1982 übernahm er dieses verantwortungsvolle Amt, das er 23 Jahre lang innehatte. 2002 wählte ihn das Kardinalskollegium zu seinem Dekan. Damit wurde Ratzinger der ranghöchste Kardinal mit besonderen Aufgaben im Fall einer Sedisvakanz: Er feierte die Totenmesse für den verstorbenen Papst und leitete das Konklave. Bereits am zweiten Tag des Konklaves, dem 19. April 2005 (Fest des deutschen Papstes Leo IX.), wählten ihn die Kardinäle zum Nachfolger von Papst Johannes Paul II. Der Gewählte gab sich den Namen Benedikt XVI. Am 28. Februar 2013 erklärte er seinen Rücktritt; am 31. Dezember 2022 ist er gestorben.

Ein Wort von ihm kann uns mutmachend begleiten: „Wer glaubt, ist nie allein, im Leben nicht und auch im Sterben nicht."

Literatur zum Thema „Deutsche Päpste":

Lexikon für Theologie und Kirche (LThK). Freiburg i. Br. 2006.

Franz Xaver Seppelt, Papstgeschichte. München 1949.

Silvia Montanari, Die Papstkirchen in Rom. Paderborn 1994.

Antonino Lopes, Die Päpste. Rom 1997.

Karl Mittermaier, Die deutschen Päpste. Kevelaer 2006.

Eva-Maria Jung-Inglessis, Die deutschen Päpste. Ihr Leben, ihr Wirken, ihre Zeit. Leipzig 2006.

Reinhard Barth, Alle Päpste. Von Petrus bis Benedikt XVI. Köln 2008

Hinweis

Die 1. Auflage dieses Führers brachte 2007 der Kunstverlag Josef Fink, Lindenberg i. Allgäu, heraus. Die 2. Auflage übernahm 2011 der Verlag Schnell & Steiner, Regensburg, in Kooperation mit der Libreria Editrice Vaticana, Rom, in fünf Sprachen. Beide Auflagen sind vergriffen. Die vorliegende aktualisierte 3. Auflage in deutscher Sprache erscheint wieder im Kunstverlag Josef Fink.

Dank

Gedankt sei dem Kunstverlag Josef Fink, besonders den Herren Josef Fink, Georg Mader und Mathias Baumgartner, für die Beratung, Gestaltung und verlegerische Betreuung.

Ein herzliches „Grazie" geht an Herrn Dr. Daniele Pergolizzi von der Fabbrica di San Pietro für die großzügige Bereitschaft, Fotos zur Verfügung zu stellen.

Vergelt's Gott dem Bistum Augsburg und dem Erzbistum München und Freising für die Gewährung von Druckkostenzuschüssen.

Dank gebührt den vielen Pilgerinnen und Pilgern, denen der Verfasser durch Führungen St. Peter in Rom nahebringen durfte, was immer auch eine anregende Herausforderung war.

Herzlichen Dank meiner Frau Sieglinde; sie teilt die Rom-Begeisterung und begleitete die Arbeit an dieser Schrift mit viel Verständnis.

Der Autor

Robert Fischer studierte in Rom Philosophie und in München Volkswirtschaft und Kunstgeschichte. Rom wurde ihm fast zur zweiten Heimat. Für das Bayerische Pilgerbüro hat er viele Reisen besonders nach Rom begleitet und dort auch geführt.

Bildnachweis

Carlo Böttger, Elsteraue:
Vordere Umschlagklappe innen,
S. 55, 57

Robert Fischer, Vaterstetten:
Vordere und hintere Umschlagklappe außen,
S. 11, 13, 22, 31, 51, 70, 76, 81, 87, 92, 101

Bildagentur Huber, Garmisch-Partenkirchen:
Vordere Umschlagseite, S. 5, 9, 35, 53, 58,
60/61

Katholische Nachrichten-Agentur, Bonn:
S. 24

Russell Mountford / Alamy Stock Photo:
S. 47

Erwin Reiter, Haslach:
Hintere Umschlagseite, S. 80

Henning von Rochow, Kiefersfelden:
S. 21, 108

Fabbrica di San Pietro, Vatikanstadt:
Alle übrigen Aufnahmen

3., aktualisierte Auflage 2023
ISBN 978-3-89870-322-2

Kunstverlag Josef Fink
Hauptstraße 102 b
D-88161 Lindenberg i. Allgäu
Telefon: +49 (0) 83 81 8 37 21
Telefax: +49 (0) 83 81 8 37 49
Internet: www.kunstverlag-fink.de
E-Mail: info@kunstverlag-fink.de

Ein vollständiges Verzeichnis unserer Reihe »Kleine Kunstführer« (inklusive Bestellmöglichkeit) finden Sie auf der Verlagswebsite www.kunstverlag-fink.de (unter »Programm«/ »Kunstführer«).

Korrektorat:
Carolin Völk, Windach

Layout:
Georg Mader, Weiler im Allgäu

Aktualisierung der 3. Auflage:
Mathias Baumgartner, Lindenberg i. Allgäu

Bildbearbeitung:
Holger Reckziegel, Bad Wörishofen

Gedruckt in der EU.

Diese Publikation erscheint in Vertriebskooperation mit dem fe-Medienverlag, Kißlegg
www.fe-medien.de